De tijd van je leven

For when the Great, Great Father comes
to call you by your name
He will ask, not if you've won or lost
but how you played the game

D1340689

De tijd van je leven

Het ultieme boek
over timemanagement

Ron Witjas

Thema, uitgeverij van Schouten & Nelissen

Andere producten van Thema over dit onderwerp:

Geen tijd?
Ron Witjas en Adriaan de Voogd
978 90 5871 7986

TeamTimemanagement
Bert van Dijk
978 90 5871 2677

© Ron Witjas
Eerste druk, 1995
Zestiende druk, 2015

Voor overnames kun je je richten tot:
Thema, Postbus 287, 5300 AG Zaltbommel
T 0418 683 700
E info@thema.nl.

Illustraties: Wim Hoogerdijk, Oosthuizen
Omslagontwerp: Foxy Design, Zaltbommel
Binnenwerk: Paul Boyer, Amsterdam
Grafische productie: Bariet, Steenwijk

ISBN 978 90 5871 8006
NUR 801
TREFWOORD timemanagement

www.thema.nl

Volg ons ook op

INHOUD

VOORWOORD

In 1985 stuitte ik in een bibliotheek bij toeval op de dissertatie van J. Winnubst: *Het Westerse Tijdssyndroom*. Hij verbindt daarin de factor tijd met persoonlijke kenmerken. Naar aanleiding van die dissertatie maakte ik een vragenlijst, schreef ik een artikel en volgde er een aantal lezingen, een nieuw model voor timemanagement, trainingen en honderden seminars in Nederland en daarbuiten. En ten slotte dit boek. Dat korte moment in die bibliotheek blijkt een langdurig en productief gevolg te hebben gehad. Zonder dat ik dat toen besefte. Zo gaat dat, in de tijd.

De meeste inzichten over timemanagement zijn ontstaan tijdens de cursussen die ik de afgelopen jaren gaf en in de gesprekken en oefeningen met de deelnemers. Theorie, boeken en onderzoek hebben altijd als kader achteraf gediend. Dankzij de ervaringen van mijn cursisten – hun successen, hun wanhoop, maar vooral door hun humor – houd ik mij al meer dan twintig jaar met veel interesse en intens plezier bezig met het fascinerende onderwerp timemanagement.

Het succes van dit boek leidde tot de vraag om voor de dertiende druk een en ander te herzien en aan te vullen. De tekst kreeg enkele wijzigingen, maar de opbouw en 'filosofie' van het boek bleken nog steeds van waarde en behoefden dus geen wezenlijke veranderingen. Op verzoek van veel cursisten die dit boek als basis van een cursus 'Timemanagement' hanteren, is wel een bijlage met tips toegevoegd.

Ik bedank mijn collega 'expert' Cees Harmsen voor zijn denkbeelden en de discussies over dit onderwerp.

En dank aan de medewerkers van Thema voor hun jarenlange betrokken-heid bij dit boek. Mede dankzij hun blijvende aandacht voor dit boek heeft het zijn actualiteit en waarde kunnen behouden.

Ron Witjas
Den Haag, 2009

1 INLEIDING

De tijd, de tijd
De tijd bestaat al zoveel miljoen jaar
Morgen komt vandaag daarbij
En volgend jaar dit jaar ...

Eens zal dat wel overgaan
Dan is de tijd voorbij
De dagen die dan over zijn
Die neem ik dan maar vrij ...

Dit gedicht is het mooiste wat ik ooit na afloop van een seminar 'Timemanagement' heb gekregen. Mooier dan de bedankjes of complimenten, leuker dan een bos bloemen of een fles wijn. De cursist die dit geschreven heeft (helaas weet ik zijn naam niet meer), gaf het mij na afloop van twee middagen waarin hij zijn best had gedaan iets aan zijn vraagstukken rond timemanagement te doen. Maar hij bleef zo'n gelaten uitdrukking op zijn gezicht houden, alsof hij wist dat noch mijn seminar noch zijn inspanning iets wezenlijks aan zijn problemen met tijd zou veranderen. Hij was gewoon te aardig en te beleefd om 'nee' te zeggen. Tegen mij, tegen timemanagement, maar ook tegen zijn bazen. En daar zat zijn probleem.
Het gedicht dat hij schreef, geeft zijn wanhoop goed weer: als alles over is neem ik vrij en tot het zover is, sleept de tijd zich voort en neemt mij mee. Wat kan ik daartegen doen?

Dit gedicht geeft aan dat timemanagement voor veel mensen geen eenvoudig thema is. Omgaan met tijd, of beter: omgaan met je werk en je eigen gedrag binnen het klemmende kader van een beperkte hoeveelheid tijd, is lastig en voor veel mensen zelfs een moeizaam gevecht. En toch kun je dat gevecht aangaan of leren zo met tijd, werk en je persoonlijk leven om te gaan dat er balans ontstaat en het gevoel van 'vechten' verdwijnt. Maar daar is veel voor nodig: inzicht in hoe tijd werkt, inzicht hoe je zelf met tijd omgaat en inzicht in de factoren om je heen die de balans kunnen verstoren of herstellen.

Helpt timemanagement daar dan bij? Ja, want timemanagement is het geheel van alle inzichten en principes die je helpen een gezonde balans tussen werk en ontspanning te realiseren. En veel daarvan vind je terug in dit boek.

Maar pas op: blijf nuchter bij alles wat timemanagement te bieden heeft en wees je ervan bewust dat het niet eenvoudig is die gewenste balans te bereiken en in stand te houden. Tips bijvoorbeeld, lijken gemakkelijk en beloven instant succes dat vaak niet bestaat.

En ook al zijn de basisprincipes van timemanagement nog altijd vrij eenvoudig uit te leggen, het toepassen ervan wordt er door allerlei ontwikkelingen niet gemakkelijker op. Ik licht dat graag eerst toe voordat we aan die principes beginnen.

De essentie van timemanagement bestaat voor mij uit drie elementen, in de eerste plaats uit kiezen. En daarna uit: organiseren en beïnvloeden.

Dit boek gaat over deze drie elementen en het biedt je inzichten en concrete handvatten om er mee aan de slag te gaan.

Maar waarom wordt die toepassing er niet eenvoudiger op? Naar aanleiding van de ontmoetingen met cursisten van de afgelopen vijf jaar kom ik op vier factoren die het moeilijk maken aan timemanagement te doen:
- de toegenomen werkdruk
- de grotere rol van technologie
- de overvloed aan mogelijkheden
- en: niet (goed) weten wat je wilt en wie je wilt zijn.

Over de factor Werkdruk kan ik kort zijn: die neemt nog steeds toe en wordt nog eens versterkt door de andere drie factoren. Een mooi voorbeeld van de technologische invloed op timemanagement is het internet en e-mail. E-mail is een onmisbaar onderdeel van ons werk en onze communicatie geworden. Mijn kinderen (allemaal geboren in het begin van de jaren negentig) kunnen zich niet eens voorstellen dat er een wereld zonder internet, mail of sms bestaan heeft.

De snelheid en directheid van e-mail geeft een immense druk, zonder dat we dat toe willen geven, lijkt het. Iedereen kent de pc's die een signaal geven wanneer er een e-mail binnenkomt. En iedereen kent wel een collega die vervolgens gelijk dat mailtje opent, ook al zit hij midden in een gesprek.

Mail heeft dezelfde dwingende eigenschappen als telefoon: je neemt hem op omdat het altijd 'urgent' is (dat belletje gaat nú), maar je weet van tevoren nooit of het ook echt belangrijk is.

Uit nieuwsgierigheid en beleefdheid wint de telefoon het vaak van onze concentratie en aandacht voor iets anders dat we op dat moment aan het doen zijn. We zitten klaar om gestoord te worden. Met e-mail zijn we precies dezelfde kant opgegaan, maar met dit verschil: we bellen doorgaans maar één persoon tegelijk en met e-mail kunnen we in één actie een onbeperkt aantal mensen bereiken! In onze overvloed aan informatie zijn we altijd bang om iemand tekort te doen.

Dezelfde boodschap die per telefoon maar één iemand stoorde, vraagt nu de aandacht van een onbeperkt aantal mensen. E-mail heeft een verwoestende uitwerking op de eerste essentie van timemanagement: er valt (bijna) niets te kiezen, je krijgt die mail. Hoeveel mensen ken je die mail ongelezen weggooien? Of nog sterker: hun pc zó instellen dat mail van bepaalde mensen gewoonweg hun computer niet meer inkomt? Niet veel, vrees ik. Mail toont zich als de tijdvreter in optima forma: het is zo vreselijk efficiënt dat we veronderstellen dat het daarom ook effectief is. En die valkuil speelt een rol bij alle technologie die ons ter beschikking staat of op korte termijn gaat komen.

Technologie houdt direct verband met de derde factor die timemanagement moeilijker maakt: de schijnbaar onbegrensde mogelijkheden die ons op financieel en economisch gebied omringen. We leven nog steeds in een tijd van overvloed. We kunnen bijna alles, we willen ook (bijna) alles.

Als ik kijk naar het tijdschema van mijn kinderen, constateer ik elke week dat de donderdagmiddag een van de leukste is: dan heeft géén van mijn drie dochters 'iets' en zijn ze gewoon thuis. De enige middag met ruimte voor een kop thee, een spelletje of samen een boodschap doen, want de rest van de week zit vol met toneel, hockey, korfbal, piano, tennis ...

In die zin volgen ze precies het patroon van hun ouders. Er is altijd werk, altijd wel een klant die belt, altijd wel een mogelijkheid om iets te realiseren. Dat we kunnen kiezen uit zoveel mogelijkheden om onze tijd en energie aan te besteden, is mooi. Maar die vrijheid van keuze is ook een vloek, want in al die overvloed wordt ons gedrag bepaald door de angst voor de schaarste. We blijven 'responsief' met onze keuzes uit de mogelijkheden, maar komen aan de vraag wanneer het genoeg is niet toe. De eerste essentie van timemanagement – het kiezen – komt daarmee sterk onder druk te staan. Alsof je door te blijven lopen, vergeet dat je ook stil kunt staan. We zijn vergeten dat je ook gewoon 'nee' kunt zeggen tegen alle mogelijkheden en terug kunt keren naar de kern van wie je bent en wat je wilt doen.

De drie fronten Werkdruk, Technologie en Mogelijkheden zijn moeilijk te stoppen. We kunnen ze alleen bevechten door onze inzet op het vierde front: onze ambities over willen en zijn.

Timemanagement raakt voor mij steeds meer verweven met die vraag naar onze ambities en prestatiemotieven. Uiteindelijk is timemanagement veel meer dan technieken of 'trucs' en meer dan de beheersbaarheid van al het werk. Het probleem is dat er zoveel mogelijkheden zijn dat we – als we niet oppassen – niet meer *responsable*, in staat tot antwoorden zijn. En als we niet meer kunnen antwoorden, moeten we misschien eens op zoek naar andere vragen. Vragen over wat we willen doen, wie we willen zijn en wanneer het 'genoeg' is. Zodat we vrij kunnen nemen vóórdat de tijd voorbij is.

De inzichten en ideeën uit dit boek zijn vooral bedoeld om je te helpen met de eerste en belangrijkste essentie van timemanagement: het kiezen. Als je niet kunt of wilt kiezen, krijg je het moeilijk. Maar wanneer je wel keuzes maakt en deze ook nog eens organiseert en je omgeving op een heldere manier van je keuzes op de hoogte stelt, krijg je er het meest kostbare uit je leven voor terug: tijd.

Met deze inleiding en toonzetting heb ik meteen een onderscheid gemaakt tussen het oude en het nieuwe timemanagement. In het oude timemanagement gaat het vooral over beheersbaarheid, overzicht en planning. Alle principes en 'waarheden' daaruit zijn nog altijd goed toepasbaar. Maar ze zijn niet voldoende om in deze tijd de balans in je energie en tijdbesteding volledig te bereiken. Vandaar dat het nieuwe timemanagement vooral een beroep doet op je keuzes en ook de vraag stelt wat je wilt en wie je wilt zijn.

In het eerste deel van dit boek behandel ik de principes uit het oude timemanagement. Het tweede deel helpt je om een start te maken met het nieuwe timemanagement. Beide hebben hun waarde en vullen elkaar goed aan.

2   EEN PERFECTE WERKDAG

Het gebeurde me een keer dat ik een seminar 'Timemanagement' zou geven en door ziekte moest afzeggen. Gelukkig deed ik dat bijtijds, zodat de deelnemers niet voor niks naar het conferentieoord kwamen. Twee maanden later vond het seminar alsnog plaats. Een van de deelnemers kwam binnen en zei tegen me: 'Dat vorige seminar, dat was écht fantastisch!' Ik wist even niet of ik hem wel serieus moest nemen, maar hij vulde aan: 'Je weet wel, toen het niet doorging. Dat was echt geweldig! Ik heb namelijk op kantoor niet verteld dat het niet doorging en wat ik in die twee dagen allemaal heb kunnen doen! Niemand wist dat ik er was en ik heb zoveel werk verzet waar ik anders gewoon niet aan toekom, fantastisch! Ik weet niet hoe deze twee dagen worden, maar beter dan die vorige twee kan bijna niet, het waren perfecte dagen.'

Wat maakt een werkdag voor jou tot wat je noemt een 'perfecte' dag? Zo'n dag waarop je weliswaar moe, maar tevreden thuiskomt en denkt: dit was een prima dag, lekker gewerkt, veel gedaan. Ik hoop dat je dat gevoel elke week tenminste één keer hebt. En dat je niet te veel van die dagen meemaakt waarop je afgepeigerd en uitgeblust thuiskomt zonder te kunnen zeggen wat je die dag nou allemaal gedaan hebt.
Ik vraag deelnemers aan de start van een seminar 'Timemanagement' altijd wat voor hen een perfecte werkdag is. De antwoorden heb ik de afgelopen jaren verzameld en daar tekent zich een duidelijke conclusie uit af. Er zijn steeds drie uitspraken die terugkeren in wat mensen een perfecte werkdag noemen:

1 *'Als ik mijn planning voor die dag heb kunnen realiseren, heb kunnen doen wat ik van plan was en ik niet te veel gestoord ben in de uitvoering*

van mijn werk.'

De centrale term in deze uitspraak is controle over de werkdag en het gevoel dat je het zelf hebt kunnen sturen en niet heen en weer geslingerd bent door alles wat er toevallig gebeurt op een dag.

2   *'Als ik iets heb kunnen afmaken.'*

Het meest ontevreden gevoel over een werkdag treedt op wanneer je de hele dag druk in de weer geweest bent en 's avonds niet meer weet wat je nou eigenlijk gedaan hebt. Je bent dan als het ware 'geleefd' door allerlei incidenten en je weet ook zeker dat je, door alles wat er op je afkwam, niets hebt afgemaakt. Het gevoel dat je iets bereikt hebt, dat tevreden gevoel dat er iets áf is, dat maakt een dag tot een perfecte werkdag.

3   *'Als ik een bepaald probleem heb kunnen oplossen, een moeilijk of onverwacht vraagstuk heb geklaard.'*

De meeste mensen willen in hun functie heel graag hun kwaliteiten bewijzen en hard werken. Deze derde, veelgenoemde uitspraak heeft te maken met uitdaging. De mogelijkheid om je kwaliteiten te tonen is ook een belangrijke bron van tevredenheid over de werkdag. Hoe moeilijker of onverwachter het probleem dat je hebt kunnen oplossen, hoe perfecter de dag.

Het werk zelf kunnen indelen, zaken kunnen afmaken en je kwaliteiten kunnen tonen, dat maakt voor veel mensen dé perfecte werkdag. Maar hoe krijg je dat voor elkaar, hoe maak je elke dag tot een perfecte werkdag? En waarom komt die perfecte werkdag maar zo zelden voor? Want zo goed als mensen weten wat een werkdag perfect maakt, zo goed kunnen ze ook vertellen waarom zo'n dag zo moeilijk te realiseren is.

Wellicht herken je de volgende uitspraak uit je eigen omgeving: 'Als ik een dag écht wil nadenken of iets afmaken, blijf ik thuis werken.'

We maken dure gebouwen waar mensen in kunnen werken, maar dat werk gaat over het algemeen veel beter als al die mensen er niet zijn. In een van de organisaties waar ik seminars timemanagement gaf, vertelde een manager: 'Om rustig te kunnen werken en er in ieder geval voor te zorgen dat ik een aantal zaken per dag af kon maken, kwam ik steeds vroeger op kantoor. Toen ik daar mee begon, was ik nog medewerker op die afdeling en ik moet zeggen dat het me prima beviel. Voor alle anderen op hun werk kwamen, had ik de meeste dingen voor die dag al afgewerkt en kon ik me verder vrij ontspannen bezighouden met alles wat op me afkwam. Ik hoefde me ook niet meer zo druk te maken over onverwachte zaken of regelrechte storingen, ik had voor die dag mijn werk al grotendeels af. In de loop der jaren kwam ik wel steeds vroeger op kantoor, zes uur 's ochtends was geen uitzondering. Maar het beviel me nog steeds uitstekend. Totdat ik manager van die afdeling werd. Omdat ik als baas erg vroeg aanwezig was, vonden mijn medewerkers dat zij ook eerder op het werk moesten komen en binnen de kortste tijd zat iedereen er om zeven uur 's ochtends. Mijn rustige uurtjes waren daarmee verdwenen en ik voelde me gedwongen om nóg vroeger op het werk te komen. Maar daar zit natuurlijk een grens aan, ik blijf nu maar wat langer aan het einde van de dag. Die gouden tijd, dat ik in mijn eentje mijn werk kon doen, die komt niet meer terug.'

Deze manager ging vervolgens op zoek naar de principes van timemanagement om weer iets van dat tevreden gevoel terug te krijgen. Hoe komt het dat de vraag naar timemanagement steeds sterker wordt? Hebben we het drukker dan vroeger? Moeten we steeds meer presteren? Of wordt het gewoon steeds lastiger om geconcentreerd te kunnen werken en zaken af te maken? En helpt timemanagement dan?

3   DE VRAAG NAAR TIMEMANAGEMENT

Als je dit boek in een boekhandel openslaat of al gekocht hebt, ben je kennelijk geïnteresseerd in timemanagement of technieken om in de tijd waarover je beschikt, meer te doen. Of om alles sneller en beter te doen, zodat je tijd overhoudt voor andere zaken. En als je dit boek cadeau hebt gekregen, is er kennelijk iemand die meent dat je baat zou kunnen hebben bij een beter management van je tijd.

Laten we alvast één ding afspreken: tijd is niet te managen, tijd gaat door, en is niet te stoppen en ook niet te vertragen. Je kunt tijd evenmin opsparen voor later gebruik: je moet het doen met de tijd die per moment voorbijgaat. Wat je misschien wel kunt managen, is je eigen gedrag. En wat je kunt veranderen is de manier waarop je tegen tijd aankijkt en tijd ervaart. Is tijd je vriend? Of je vijand? Of een lastige buurman die je liever niet ziet maar die op onverwachte momenten zijn kop boven de heg uitsteekt?

Er is iets aan de hand met tijd. We willen meer, we moeten meer en tijd wordt in dat spel een bepalende factor. Een manager van een groot concern vroeg mij vertwijfeld: 'Ik moet het doen met de helft van het aantal mensen dat hier vorig jaar werkte en ik moet voor het komend jaar vier keer zoveel projecten opstarten. Zou timemanagement een oplossing kunnen bieden?'

We moeten meer werk doen en in veel organisaties moet dat werk door steeds minder mensen worden uitgevoerd. De tijdsdruk op het werk neemt onmiskenbaar toe, omdat de druk tot presteren sterk toeneemt. Waar organisaties zich toeleggen op hun *core business* worden overbodige taken uitbesteed.

Soms heeft dat afschaffen van bepaalde functies een averechts effect: 'Bij ons zat altijd een portier, maar die is van de ene dag op andere afgeschaft omdat het zoveel geld zou besparen. Dat hebben we geweten! Omdat er niemand meer opendeed, belde elke bezoeker gewoon aan, en wie moest dan de deur opendoen? Degenen die het dichtst in de buurt zaten. Die konden hun werk nauwelijks meer ongestoord doen. Maar ze hebben er wat op gevonden! Een van hen nam een blokje hout mee van huis en klemde dat overdag tussen de deur, zodat die altijd openstond. Het gevolg was dat bezoekers nu weer zelf naar binnen konden komen, maar vervolgens verloren door het gebouw liepen en aan mensen gingen vragen waar ze moesten zijn! Uiteindelijk zit er weer een portier, maar nu via een uitzendbureau. Elke maand een ander, zodat we steeds weer bezig zijn om ze in te werken en alles uit te leggen ...'

Outsourcing en *downsizing* leveren misschien geld op, maar beslist niet meer tijd voor degenen die mogen blijven werken.

Ook op privégebied is er wat veranderd in vergelijking met zo'n vijftien jaar geleden. Aan de ene kant is parttime werken veel gebruikelijker geworden en zouden we meer tijd voor andere zaken moeten hebben. Aan de andere kant zijn er zoveel meer mogelijkheden om je vrije tijd in te vullen, dat je nooit tijd genoeg zult hebben om alles te doen wat mogelijk is. Zo ervaar ik zelf een weldadige rust als mijn gezin eens een weekend 'helemaal niets' heeft of moet. Wat een vrijheid is dat, om te kunnen lezen zolang je wilt. Of een uur langs het strand te wandelen en daarna iets te drinken in een strandtent zonder dat je alweer op weg moet naar iets anders. Het gevoel even onbeperkt de tijd te hebben, wat een luxe ...

We ervaren een tekort aan tijd, omdat we steeds méér willen doen in de tijd die we hebben. Als we gewoon om ons heen kijken, constateren we dat het levenstempo steeds hoger komt te liggen. Veranderingen en vernieuwingen gaan steeds sneller. We leven in een wereld waarin alles met elkaar samen lijkt te hangen en gebeurtenissen elkaar razendsnel opvolgen. We worden elke dag letterlijk overspoeld door een zee van informatie terwijl we eigenlijk maar een paar druppels uit de kraan nodig hebben. Wij krijgen als individu dagelijks meer informatie over ons heen dan de middeleeuwse mens in heel zijn leven!

Tegelijkertijd worden we gedwongen steeds sneller op die informatie te reageren. Een bevriende jurist vertelde me: 'Vroeger kreeg ik alle stukken per post en dan kon ik er nog een dag of wat over nadenken. Of je kon zeggen dat de post wat vertraging had. Nu komen de stukken en vragen van cliënten per mail binnen. Je kunt dus niet meer zeggen dat je het nog niet ontvangen hebt. En je krijgt er tegelijk een telefoontje achteraan of je er direct op wilt reageren. Stuur maar een mailtje terug, zeggen ze dan! Je krijgt gewoon geen tijd meer om de dingen even te laten liggen, het moet allemaal meteen, nu, direct! Door die mail kun je niet meer ontsnappen.'

Als het qua techniek sneller kan, willen we het ook sneller! En korte tijd later kunnen we ons niet meer voorstellen dat we het ooit zonder zo'n toepassing gedaan hebben.

Een magnetron maakt onze maaltijd in vier minuten klaar, maar ervaren we dat als winst in die zin dat het ons meer tijd verschaft? Nee, integendeel, juist omdat het zo snel gaat, vullen we die 'gewonnen' tijd in met iets anders. Dankzij de magnetron kan ik nog even bellen, een mail versturen en mijn auto door de wasstraat sturen voordat ik ga tennissen. Ik win geen tijd of rust, ik win een mogelijkheid om nog meer te kunnen doen.

We willen meer en we willen het sneller. Dat geldt ook voor het werk. En wie het niet sneller kan, moet dat meerwerk maar in zijn eigen tijd af zien te krijgen. We horen niet anders dan dat bedrijven meer moeten presteren met minder mensen. Waar we tien jaar geleden vooral lagere niveaus 'reorganiseerden', door automatisering van de productie, gaan we nu de managementniveaus reorganiseren: organisaties worden 'platter', managementniveaus verdwijnen en de manager die nog in functie blijft, krijgt veel meer mensen om aan te sturen. In dezelfde hoeveelheid tijd, dat spreekt vanzelf.

Door het verplaatsen van arbeid naar landen waar de lonen beduidend lager zijn, wordt nog duidelijker dat we harder en slimmer zullen moeten werken om ons relatief hoge loonkostenniveau waar te maken. Daarmee is de vraag naar timemanagement geboren. Mensen hebben steeds meer behoefte aan timemanagement, maar helpt timemanagement bij 'steeds sneller, beter en meer'? Ik denk dat de principes van timemanagement zeker kunnen helpen en een onmisbaar gereedschap in ons 'overlevingskoffertje' zullen worden. Maar voordat ik op de essenties van timemanagement inga, kijken we eerst naar de vier oorzaken van tijdproblemen:

1   overload
2   kenmerken van de werksituatie
3   invloeden van de manager
4   je persoonlijke gedragsstijl.

OORZAAK 1 Overload

Een waar gebeurd verhaal: een overbelaste en overwerkte medewerker kan het niet meer aan en loopt opgewonden het kantoor van zijn baas binnen: 'Ik doe het niet meer, ik loop hier het werk van drie mensen te doen, dat van mezelf en dat van twee anderen, ik stop ermee!' Zegt zijn baas: 'Zeg me wie het zijn en ik zal ze ontslaan!'

Wat duidelijk is: wie werk heeft, zal harder moeten werken en meer 'output' moeten leveren. Er zullen steeds meer situaties ontstaan waarin 'overload' de bedreigende factor is. Het probleem daarbij is dat je met timemanagement die overload natuurlijk niet direct oplost! Je kunt door je tijd goed te beheren wellicht wát beter werken, maar het is niet zo dat je opeens twee functies in plaats van één aankunt. Al hopen managers die hun medewerkers naar een cursus timemanagement sturen daar natuurlijk wel op ...

OPDRACHT

Welke veranderingen in workload heb je de afgelopen vijf jaar meegemaakt? Neemt het voor jou ook toe? Welke technologische veranderingen heb je meegemaakt en wat is daarvan het effect op je tijdbesteding geweest? Heb je daardoor meer of minder tijd gekregen?

OORZAAK 2   Kenmerken van de werksituatie

Welke vraagstukken rond tijd ontstaan en welke oplossingen écht werken, hangt sterk af van de 'werksituatie': kenmerken van het werk en de werkplek.

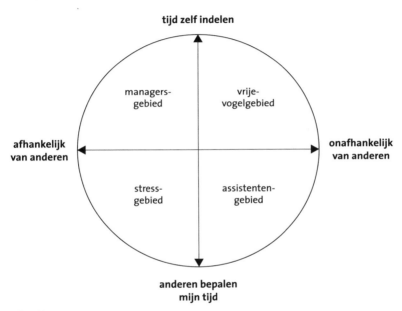

Afbeelding 1

Iedere functie is in te delen aan de hand van de twee dimensies uit bovenstaande figuur. In welke mate kun je je tijd zelf indelen? Kun je dat zelf of wordt je tijdbesteding volledig door anderen bepaald? Een tweede dimensie is de vraag of je je werk geheel alleen kunt uitvoeren of dat je daar anderen bij nodig hebt. Wanneer we die twee dimensies tegen elkaar afzetten krijgen we vier gebieden.

1   HET VRIJE-VOGELGEBIED
In dit gebied kun je je tijd grotendeels zelf indelen en heb je verder niemand nodig om je werk te doen of af te maken. De meeste mensen zien

dit als een ideale situatie. Het enige wat je hier aan timemanagement nodig hebt, is een goede werkplanning en de discipline om die planning uit te voeren. De grootste bedreiging in dit gebied ben je zelf. Berucht zijn bijvoorbeeld de problemen 'om aan het werk te komen': eerst van alles en nog wat gaan doen voor je toekomt aan wat je eigenlijk móet doen. Een originele oplossing voor dit probleem is: eenvoudig gaan zitten achter je bureau en vijf minuten bewust niets doen. Daarna zul je zonder probleem direct aan je werk beginnen!

2 HET MANAGERSGEBIED

Ook in dit gebied kun je je tijd grotendeels zelf indelen. Alleen, voor de uitvoering van je werk heb je bijna altijd anderen nodig: je moet informatie van anderen hebben of met hen overleggen, je kunt het werk niet alleen uitvoeren. Naast een goede planning van je eigen werk, gaat het hier vooral om aansturing van die anderen! En daar begint voor veel mensen het timemanagementprobleem. Om met Sartre te spreken: *'L'enfer, c'est les autres'* (de hel, dat zijn de anderen). Hoe meer mensen afhankelijk worden van anderen, hoe groter het timemanagementvraagstuk wordt.
Timemanagement is niet alleen plannen en zelfdiscipline hebben, maar vooral aansturen van en samenwerken met anderen. Kortom: timemanagement is in veel situaties vooral beïnvloeding van andere mensen.

3 HET STRESSGEBIED

Dat je tijd door anderen ingedeeld wordt én dat je anderen ook nog nodig hebt voor je werk, is voor de meeste mensen het inferno van timemanagement. Hoewel we de term 'stress' hier voorzichtig moeten gebruiken (stress betekent letterlijk: onder druk staan, negatieve spanning hebben) wijzen deelnemers aan timemanagementcursussen dit gebied direct aan als het meest onplezierig. In feite moet je twee dingen doen om hier uit te komen: anderen beïnvloeden als het gaat om je tijdindeling (invloed winnen) en anderen aansturen in de samenwerking. Timemanagement is ook hier vooral een beïnvloedingsprobleem.

4 HET ASSISTENTENGEBIED

Aangestuurd worden door anderen, maar het werk in je eentje kunnen klaren is niet zo vervelend. Er zijn mensen die het een erg prettige manier van werken vinden. Voorbeelden uit deze sector zijn secretaresse- en assistentfuncties: de baas bepaalt wat de secretaresse moet doen, maar zij kan het verder zelf uitwerken.

Nu steeds meer managers hun secretaresse moeten delen met andere managers krijgen die secretaresses het probleem dat ze door verschillende bazen aangestuurd en geclaimd worden. Juist in die situatie zal een secretaresse voor het behoud van haar eigen tijdindeling moeten vechten. De uitvoering is vaak geen probleem, vooral niet als er goed overzicht van het werk is en er enige discipline in de uitvoering bestaat. Ook hier geldt: het timemanagementvraagstuk is vooral een vraagstuk van beïnvloeding.

De vier gebieden tonen aan dat timemanagementvraagstukken bepaald worden door kenmerken van de werksituatie en dat de essentie van het vraagstuk per gebied verschilt.

Uit deze eerste analyse blijkt dat timemanagement beslist niet alleen over plannen gaat, maar in veel situaties meer een vraagstuk van beïnvloeding is. En dat is wat anders dan een beheersmatig, technisch planningsvraagstuk dat je met een agenda kunt oplossen.

OPDRACHT

Wanneer je je werk indeelt aan de hand van de vier kenmerken van de werksituatie, in welke van de vier kwadranten kom je dan terecht? Neem hierbij een 'globale' benadering in acht; waarschijnlijk heeft je werk wel kenmerken uit alle vier de kwadranten (een stukje kan ik zelf plannen, een stuk niet, een deel kan ik zelfstandig uitwerken maar een ander weer niet), maar het grootste deel van je werk past in een van de vier. Welke is dat? Welke consequenties heeft dat voor je timemanagement? Wat kun je wel beïnvloeden, wat niet?

OORZAAK 3   Invloeden van de manager

Een van de eerste experts op het gebied van timemanagement, Alec Mac-Kenzie, gaf aan het einde van zijn loopbaan een interview. Hoewel hij beroemd en rijk geworden was van 'zijn' onderwerp, was hij tegelijk enorm teleurgesteld en zelfs bitter van toon. Zolang mensen het vertikken om hun werk per dag te plannen, wordt het nooit wat en zolang bazen de planning van hun medewerkers blijven verstoren, is timemanagement voor medewerkers zinloos, stelde hij.

MacKenzie kent veel invloed toe aan 'bazen' en stelt terecht dat het voor medewerkers meestal erg moeilijk, zo niet onmogelijk is om hun 'baas' te beïnvloeden of te verbeteren waar het zijn of haar timemanagement betreft. Wie werkt onder een georganiseerde baas is goed af. Wie werkt onder een chaotische baas heeft pech en kan daar in de praktijk niet veel aan doen.

Wij onderscheiden vier basistypen 'bazen'. Op de ene lijn bazen die juist wel of juist niet georganiseerd zijn. En op de andere lijn bazen die sterk autoritair of dwingend zijn, versus bazen die een laissez faire-stijl van leidinggeven hebben. Elk type heeft een bepaalde invloed op het timemanagement van de medewerkers.

BOEDDHA

1   DE BOEDDHA: DE GEORGANISEERDE LAISSEZ FAIRE-BAAS

Het fijne van een georganiseerde baas is dat je als medewerker weet wat je aan hem of haar hebt. Hoe voorspelbaar en hoe consequent is je baas, dat is van belang. Een baas die zelf zéér georganiseerd is, goed prioriteiten stelt, plant en zaken afmaakt, is prettig om voor te werken. Zeker wanneer de stijl van leidinggeven 'vrij' is. Dat geeft de medewerker veel vrijheid en tegelijk een goed voorbeeld van hoe het werk georganiseerd kan worden. De meeste mensen vinden dit de prettigste baas om voor te werken.

DE COMMANDANT

2 DE COMMANDANT: GEORGANISEERD MAAR DWINGEND

Wellicht denk je dat het onplezierig is om voor zo'n baas te werken, maar dat valt in de praktijk erg mee. Het belangrijkste is namelijk dat de baas zélf georganiseerd is. Bij een zeer autoritaire baas betekent dit bijna altijd dat hij ook het werk van de medewerkers strak organiseert. En dat is op zich geen slechte situatie om in te werken. Veel mensen brengen wel respect op voor zo'n baas.

Dat respect ligt moeilijker bij de twee andere typen: de ongeorganiseerde bazen.

3 MR. RAMPENPLAN: DE AUTORITAIRE CHAOOT

'Het werk gaat hier een stuk beter als hij er niet is ...' De ergste baas om voor te werken: dwingend en ongeorganiseerd. Hij komt op de gekste momenten je kamer binnenstormen en dwingt je dan om direct een of

andere zeer 'urgente' klus voor hem te doen. 'Laat alles vallen waar je mee
bezig bent, dit is urgent, ik wil dit nú hebben ...' En pas op als je probeert
daar tegenin te gaan! Dan wordt alle macht en dwang uit de kast gehaald
om je naar zijn pijpen te laten dansen. Langetermijnplanning? Op z'n Bra-
ziliaans, ongeveer drie uur vooruit ...

Zoals een cursist eens opmerkte: 'Het probleem is niet dat mijn baas geen
prioriteiten stelt, het probleem is dat hij dat iedere vijf minuten doet, en
steeds weer andere!'

Mensen die voor zo'n baas werken, leren het af om zelf prioriteiten te stellen: 'Wat heeft het voor zin om mijn dag te plannen als hij ieder moment
kan binnenstormen om me zijn prioriteiten door de strot te duwen? Ik
plan liever niets, dan kan hij het ook niet verstoren.' En die baas zal ongetwijfeld zeggen: 'Mijn medewerkers tonen zo weinig initiatief, ze zijn zo
afwachtend, ik moet alles voor ze plannen anders gebeurt er niets ...'

MR. NICE GUY

4 MR. NICE GUY: DE AARDIGE CHAOOT

Er wordt vaak met enige tederheid over deze managers gesproken: een schatje, maar volstrekt ongeorganiseerd. Sterk afhankelijk van de mensen die voor hem werken. Plannen en organiseren die mensen hun werk goed, dan loopt het op de afdeling. Maar als zij dat ook niet doen, rommelt iedereen maar wat aan en grijpt de manager niet in. Je ziet vaak wel een zekere trots op de gezichten van de medewerkers die al die klussen op het laatste moment toch nog voor elkaar krijgen: 'We hebben het weer eens geflikt, jongens!'

Dat zo'n huzarenstukje met een beetje planning helemaal niet nodig was geweest, vergeten ze dan maar even.

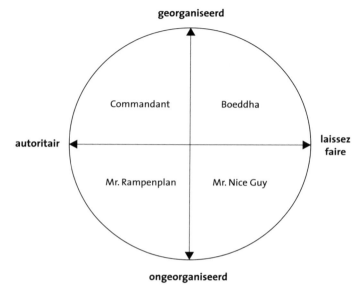

georganiseerd

autoritair ← Commandant | Boeddha → laissez faire

Mr. Rampenplan | Mr. Nice Guy

ongeorganiseerd

Afbeelding 2

OPDRACHT

Wat is de invloed van je 'baas'? Op welke manier word je aangestuurd?
Plaats de stijl van je manager in een van de vier kwadranten. Wat betekent dat voor de mate waarin je zelf de indeling van je tijd kunt beïnvloeden?

Overload, kenmerken van het werk en de stijl van managen hebben
gemeenschappelijk dat ze voor een individuele medewerker moeilijk te
beïnvloeden zijn. Overload wordt vaak opgelegd door de organisatie, de
kenmerken van het werk zijn een tamelijk vast gegeven. En bazen zijn ook
moeilijk te verbeteren wanneer dat nodig is. Verandering aanbrengen in
deze 'externe' invloeden op je timemanagement is daarom niet zó eenvoudig. Je kunt zelf het een en ander doen, maar onderschat de invloed
van bovengenoemde factoren niet.

OORZAAK 4 Je persoonlijke gedragsstijl

En het wordt nog lastiger als we er een andere, niet te onderschatten 'interne' factor bij betrekken: je persoonlijke gedragsstijl. Maar voor we daar dieper op ingaan, zullen we in de volgende hoofdstukken eerst de basisprincipes van timemanagement beschrijven. Daarna zullen we de toepassing van die principes toetsen aan je persoonlijke stijl en de manier waarop je tijd ervaart. Want ondanks alles wat we weten over time-management, blijft verandering en verbetering van de manier waarop je met tijd omgaat een hoogst individuele aangelegenheid.

OPDRACHT

Welke veranderingen in je persoonlijke leven heb je de afgelopen vijf jaar meegemaakt? Wat is daarvan het effect op je tijdbesteding geweest? Heb je meer of juist minder tijd gekregen? Hoe tevreden of ontevreden ben je daarover?

Hoe ziet een globale verdeling van je week eruit verdeeld naar: werk, reistijd, aandacht voor je privéleven, sociale contacten, eigen ontplooiing en ontspanning?

4 WAARVOOR BEN IK HIER EIGENLIJK?

Wat zijn nu de principes achter timemanagement en hoe helpen die in het realiseren van zo'n perfecte werkdag, liefst vijf dagen per week? Wat is timemanagement meer dan je werk plannen en slim organiseren? Om een antwoord op deze vragen te geven, gebruiken we een model voor time- management dat bestaat uit drie elementen: de Persoon, het Werk en de Tijd. Tussen deze drie elementen tekenen we lijnen. Elk van deze drie lijnen vertegenwoordigt een invalshoek om timemanagement te benaderen.

De eerste lijn geeft de verbinding weer tussen de Persoon en zijn Werk. De centrale vragen op deze lijn zijn: wat is het bestaansrecht van de functie? En: waarvoor ben ik hier eigenlijk? De Persoon-Werklijn moet een antwoord geven op de vragen: wat is de essentie van de functie? Wat zijn de

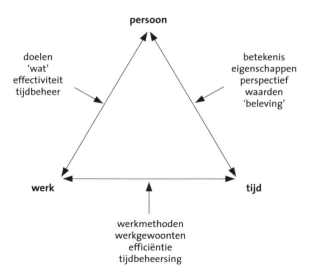

Afbeelding 3

doelen die gerealiseerd moeten worden? Wat is de essentiële bijdrage die deze functie moet leveren? En ook: wat zijn mijn eigen doelen in die functie? Welke andere, meer persoonlijke doelen heb ik?

In de literatuur wordt deze lijn vaak de 'effectiviteitslijn' genoemd. Effectief in de betekenis van: je eigen doelen en de bedoeling van je functie realiseren. Het is logisch om met deze lijn te beginnen: eerst vaststellen wat het doel van de functie is en wat de daarbij behorende resultaten (output) moeten zijn. Pas daarna heeft het zin om te denken over 'slimme' manieren om die doelen te realiseren.

Op deze lijn gaat het vooral om tijd*beheer*: waar ken ik mijn tijd aan toe en hoe maak ik daar keuzes in? Wat is eigenlijk de bedoeling van de functie? Of, om te bepalen wat de werkelijke bijdrage van de functie is: wat zou er gebeuren, wat gaat er op korte of op lange termijn mis als we mijn functie gewoon opheffen?

Timemanagementtrainingen gebruiken voor de Persoon-Werklijn verschillende termen. De een noemt het Effectiviteitsgebieden, de ander spreekt van Resultaatgebieden, Outputgebieden, Primaire Taakgebieden of Verantwoordelijkheidsgebieden. De essentie is overal hetzelfde: begin met het definiëren van de 'gebieden' waarop je output moet leveren. Daarvoor moet je wel eerst het verschil tussen input en output kennen. We illustreren dit aan de hand van een functie die voor iedereen redelijk bekend is: een portier bij een productiebedrijf.

We onderscheiden drie niveaus om naar de functie te kijken:
- concrete activiteiten (waarneembaar gedrag)
- taken (clusters van activiteiten die uitgevoerd moeten worden)
- resultaatgebieden (gebieden waarop resultaten geleverd moeten worden).

Voor de functie van portier hebben we de drie niveaus op de volgende pagina beschreven.

activiteiten	taken	resultaatgebieden
opbellen	telefoon beantwoorden	veiligheid/toegang
te woord staan	bijhouden bezoekers	registratie
opschrijven/noteren	controle van pasjes	informatie/service
lezen	informatie geven	representatie
opzoeken	slagboom openen	
telefoon aannemen	parking controleren	
controleren	goederen aannemen	
doorverbinden		
opruimen		
apparatuur bedienen		
routes uitleggen		
koeriers ontvangen		

Afbeelding 4

De essentie is dat we vanuit een groot aantal 'losse' activiteiten toewerken naar een beperkter aantal 'taken' en die weer vertalen naar vier resultaatgebieden. Als je dit eens voor jezelf wilt doen, maak dan gewoon op een A4-vel een lijst van wat je allemaal doet (denk bijvoorbeeld even terug aan de afgelopen drie werkdagen). Waarschijnlijk heb je aan een enkel vel papier niet eens genoeg, zoveel 'losse' zaken kun je opnoemen. De volgende stap is om deze terug te brengen tot 'primaire taken'. Daarna komt de moeilijkste stap, want tot nu toe heb je over je functie gedacht in termen van 'input': de dingen die je doet of moet doen. De essentie is nu dat je loslaat wat je allemaal doet en nadenkt over die gebieden waarop je resultaten (output) moet leveren. Resultaten zijn altijd meetbaar, hoe lastig dat soms ook is. Voor de meeste functies (van hoog tot laag) geldt dat ze in vier tot zes resultaatgebieden te beschrijven zijn.

Wat is nu de functie van denken in termen van output, waarom is dat zo belangrijk? Omdat output de essentie van de functie aangeeft. Wanneer je vraagt wat de essentie van hun job is, zullen veel mensen je vertellen wat ze doen. Probeer het maar eens uit en vraag een collega of kennis wat de essentie van zijn functie is. Dan hoor je waarschijnlijk 'leidinggeven' of 'communiceren'. Maar dat zijn allebei dingen die de collega dóet; waar het toe moet leiden is nog niet duidelijk. Het wordt dan een probleem om vast te stellen hoe 'effectief' iemand is in die functie. Want effectiviteit wordt bepaald door de mate waarin je je resultaten haalt. Ik kan dus enorm hard werken en vreselijk veel dingen doen op mijn kantoor, maar dat zegt nog helemaal niets over hoe effectief ik ben. Hard werken op zich is geen verdienste. Slim werken en resultaten behalen, dat is een verdienste. Output gaat dus over wat een functie oplevert, wat het toevoegt aan de organisatie. Over resultaten in plaats van activiteiten.

Als je niet in termen van resultaten kunt denken, heb je meteen een probleem als het erom gaat te kiezen tussen de dingen die je wel en de dingen die je niet gaat doen. En gezien de hoeveelheid werk die dagelijks op ons wacht, zullen we wel moeten kiezen om te overleven of effectief te zijn. Je kunt nu eenmaal niet alles doen. Even terug naar ons voorbeeld, wat is dan de mogelijke output van iemand die zegt dat 'leidinggeven' de essentie van zijn baan is? Wat is het resultaat van dat leidinggeven? Dat kan van alles zijn: zelfstandige werkende medewerkers, een geoliede taakverdeling, een laag ziekteverzuim of een hoge productiviteit per medewerker, een hoog kennisniveau, uniform gedrag naar de klant toe, et cetera. Een kenmerk van al deze outputmogelijkheden is, dat ze meetbaar zijn. En dus geschikt om te bepalen of al die input ergens toe leidt. Resultaatgebieden lenen zich ook goed voor het formuleren van een kwantitatieve doelstelling: omdat het een meetbaar iets is, kun je gemakkelijk een te bereiken doel formuleren.

Denken in termen van output is voor veel mensen een nieuwe manier om naar hun functie te kijken. We leren dat ook niet vanzelf. Wie in een nieuwe functie start, krijgt meestal te horen wat hij moet doen (en als het tegenzit, ook te horen hóe hij dat moet doen). Het aansturen van mensen door aan te geven welke resultaten we verwachten, gebeurt veel te weinig.

Op de Persoon-Werklijn hebben we het tot nu toe over de essentie van de functie gehad. Er is nog een belangrijk onderwerp dat zich op deze eerste lijn afspeelt: je persoonlijke doelen binnen en buiten de functie.

Je hebt ongetwijfeld meegemaakt dat een bepaalde functie in je organisatie eerst een paar jaar door de één en daarna een paar jaar door een ander werd uitgevoerd. Beide mensen functioneerden goed en toch heb je gemerkt dat ze allebei hun functie op een andere manier inkleedden en ook andere doelen in de functie realiseerden. Deels misschien door de veranderde inhoud van de functie zelf, maar zeker ook omdat twee mensen in dezelfde job verschillende doelen hebben die zij met die functie willen verwezenlijken. En dat verschil komt voort uit de persoon.

Een van de essenties van een perfecte werkdag was het behalen van een vooraf gepland resultaat. Dat geldt niet alleen voor de dagelijkse werkzaamheden, maar ook voor de langere termijn. Tevredenheid in een functie wordt ook bepaald door het behalen van bedoelde resultaten. Doe je gewoon je werk, of heeft je werk voor jou betekenis en een doel?

Een klassieke metafoor over dit thema is het verhaal van de koning die vanuit zijn koets een bouwplaats bezoekt. Hij ziet een aantal mannen die met stenen in de weer zijn, stopt bij de eerste man die hij tegenkomt en vraagt: 'Wat doet u?' De man antwoordt: 'Ik sjouw stenen, sire.' Bij een tweede man stelt de koning dezelfde vraag en de tweede man antwoordt: 'Ik stapel stenen tot een muur, sire.' Even verderop is een derde man aan het werk en wanneer de koning hem vraagt wat hij aan het doen is, antwoordt de man 'Ik werk mee aan de bouw van een kathedraal, sire.' Wie zou er het meest betrokken zijn bij de bouw en wie uiteindelijk het meest tevreden en trots op het resultaat?

Persoonlijke betrokkenheid bij de doelen van een functie vraagt dus om persoonlijke doelen in die functie. Die doelen kunnen met twee zaken te maken hebben:

1 doelen die je voor jezelf in je functie of organisatie wilt bereiken
2 doelen die je voor jezelf buiten het werk wilt bereiken.

Hoe bewust ben je je van die doelen? Denk je er vaak aan, praat je erover? Of leef je het leven van alledag en denk je maar niet te veel na over wat je eigenlijk wilt bereiken? Een van de geweldige vermogens van mensen is, dat ze doelen die ze zichzelf werkelijk stellen, heel vaak weten te realiseren. Natuurlijk, niet alles wat je wilt, is te realiseren, maar een doel waarvoor je werkelijk kiest, geeft geweldig veel energie. Het is de moeite waard eens een overzicht van je doelen te maken. We gebruiken hier een eenvoudige oefening voor waar je twintig minuten de tijd voor moet nemen.

OPDRACHT

Neem een vel papier, het liefst een gewoon, blanco vel zonder lijnen. Pak een potlood en een gum (die zul je zeker nodig hebben). Als eerste teken je in het midden van het vel papier een cirkeltje en daarin schrijf je 'mijn doelen'. Vervolgens denk je na over de 'doelgebieden' die je hebt. Dat zijn gebieden die voor jou belangrijk zijn. Gebruik de linkerhelft van het papier voor doelen die met je werk of loopbaan te maken hebben en de rechterhelft voor meer persoonlijke of privédoelen. Geef in cirkels rond je centrale cirkel eerst een aantal van die gebieden aan. Bijvoorbeeld: loopbaan, vakkennis, plezier, zelfstandigheid, creativiteit, inkomen. En aan de rechterkant bijvoorbeeld: gezondheid, ontspanning, familie, muziek, reizen, lezen.

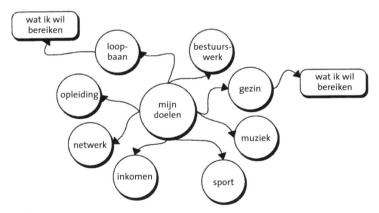

Afbeelding 5

Waarschijnlijk kost het enige moeite om te beginnen, maar je zult merken dat je na de eerste twee cirkels steeds gemakkelijker verder komt. Wanneer je tevreden bent over de cirkels die je getekend hebt, werk je iedere cirkel verder uit naar concrete doelen: wat wil je bijvoorbeeld bereiken in je doelgebied Loopbaan? Probeer dit zo kort en duidelijk mogelijk te formuleren. Laat je in deze fase niet remmen door al te veel nuchterheid, durf je dromen toe te laten in je concrete doelen.

Laat je overzicht een dag liggen en kijk er dan nog eens naar. Schrap wat je niet aanstaat en verbeter waar nodig.

Bespreek daarna je overzicht met je partner of een goede bekende. Vraag aan je gesprekspartner of hij/zij je de volgende vragen wil stellen:

- Welk van de doelen vind je het leukst?
- Wat zijn doelen die écht van jezelf zijn, niet ingegeven of opgedrongen door anderen?
- Welke doelen zijn eenvoudig haalbaar, welke vragen om veel inspanning?
- Welke doelen vragen erom dat je voor de realisatie iets anders 'opgeeft'? Met andere woorden: wat is het bereiken van dat doel je werkelijk waard?
- Wat zijn doelen die je al lang hebt en waar je nog nooit aan toe bent gekomen?

De ervaring leert dat het een leuke oefening is, vooropgesteld dat je er werkelijk over wilt nadenken. Het is een schilderij van en voor jezelf. En het is een afbeelding die zich 'ontwikkelt'. Elke keer wanneer je de afbeelding bekijkt, zullen er kleine veranderingen of verfijningen aan te brengen zijn.

In de meeste organisaties worden we van tijd tot tijd gedwongen om over onze functie en ons functioneren na te denken.

Het zou jammer zijn als je alleen over je werk in termen van output en doelen nadenkt. Goed timemanagement wordt bepaald door een optimale combinatie van werk en privéleven. En dat kan alleen als je ook over je privédoelen nadenkt.

Een bekend boek dat diepgaand op het ontwerpen van je doelen ingaat, is dat van Stephen Covey: *De zeven eigenschappen van effectief leiderschap* (2002). Covey stelt dat we altijd een keuze hebben in de manier waarop we op vragen en signalen uit onze omgeving reageren. Hij vindt dat iedereen pro-actief kan zijn: werken en leven vanuit eigen initiatief, en verantwoordelijkheid voor je eigen handelen. Dat vereist wel dat je goed weet wat je doelen en waarden zijn. Het boek van Covey sluit wat dat betreft goed aan op wat je in dit boek kunt lezen. Het geeft je daarnaast een uitgebreide handleiding bij het stellen en ontwerpen van je doelen.

In dit hoofdstuk hebben we kennisgemaakt met een model voor timemanagement. Het model kent drie lijnen waarvan we er nu één besproken hebben: de Persoon-Werklijn. In hoofdstuk 11 zullen we nog een aanvulling op deze lijn maken door je doelen te koppelen aan je waarden. In de nu volgende hoofdstukken gaan we in op de Werk-Tijdlijn (hoofdstuk 5 en 6) en op de Persoon-Tijdlijn (hoofdstuk 8, 9, 10 en 11). In hoofdstuk 12 voegen we de drie lijnen weer samen om tot een aanpak van je timemanagementvraagstukken te komen.

5   HET DAGELIJKSE GEVECHT

Wanneer de vereiste resultaatgebieden van een functie duidelijk zijn, wordt het gemakkelijker vast te stellen welke taken en activiteiten (input) bijdragen aan het bereiken van die output. Pas dan kunnen we prioriteiten stellen met behulp van het onderscheid tussen essentiële en urgente taken. Het onderscheid tussen urgent en essentieel is nog altijd een van de klassieke en meest waardevolle concepten in timemanagement.

Essentiële taken dragen direct bij aan de doelen van de functie en hebben meestal een langetermijnperspectief. Essentiële taken hebben altijd direct te maken met de resultaatgebieden van een functie.

Urgente taken en activiteiten hebben een dringend en kortetermijnkarakter, maar leveren lang niet altijd een wezenlijke bijdrage aan de effectiviteitsgebieden van een functie.

Urgenties komen altijd van buitenaf en bepalen wanneer iets gebeuren moet. Urgent betekent meestal: het is dringend, het moet direct gebeuren. Het probleem met urgenties is dat het zo'n modewoord is dat iedereen het te pas en te onpas gebruikt. Als ik een van mijn medewerkers vraag iets te doen en erbij zeg dat het niet dringend is en dat het dus géén haast heeft, kan ik er bijna zeker van zijn dat er niets van terechtkomt. Het lijkt alsof we alleen nog maar die dingen doen die 'urgent' zijn. En de grootste denkfout is dan: als het urgent is, is het vast ook essentieel.

In het volgende schema maken we een onderscheid tussen activiteiten die wel of niet essentieel zijn en combineren die met de vraag of ze wel of niet urgent zijn. Zo krijgen we een matrix met vier gebieden. Twee zijn er relatief eenvoudig: als iets essentieel én urgent is, moet je het direct aanpakken en proberen het in één keer goed af te handelen.

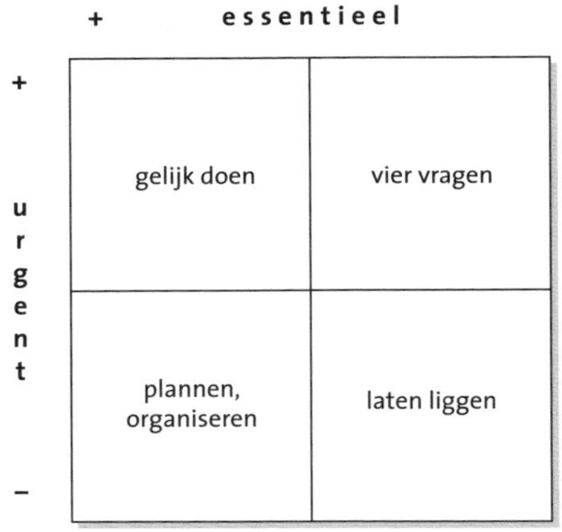

	+ essentieel	
+	gelijk doen	vier vragen
u r g e n t		
	plannen, organiseren	laten liggen
–		

Afbeelding 6

Herken je de volgende uitspraak: 'Waarom hebben we hier nooit tijd om het in één keer goed te doen, maar alle tijd om het nog een keer over te doen?' Als iets essentieel én urgent is, moet het gebeuren én moet het goed gebeuren. Doe je het niet goed, dan moet je het weer overdoen, want het is wel essentieel.

Het tweede gemakkelijke kwadrant wordt gevormd door niet-essentiële en niet-urgente activiteiten. Het is niet van wezenlijk belang voor de functie en er is geen dringende tijdsdruk om het uit te voeren. Dit zijn de zaken die je zonder bezwaar kunt laten liggen.

Het werkelijke gevecht in timemanagement speelt zich af tussen de twee overgebleven kwadranten: niet-essentiële maar wel urgente zaken versus essentiële maar niet-urgente zaken. Een van de meest genoemde problemen in timemanagement is de klacht dat men door allerlei urgenties niet aan de essentiële taken toekomt: 'Ik word de hele dag gestuurd door allerlei urgenties die welbeschouwd niet essentieel zijn voor mijn functie, maar die nou eenmaal door iemand gedaan moeten worden ...'

Er zijn vier vragen die je kunt stellen om onder die urgente, maar niet-essentiële zaken uit te komen:

1   MOET HET ÉCHT NU, IS HET ÉCHT URGENT?

Dit is het ter discussie stellen van de urgentie. Nuttig, omdat veel zaken ten onrechte als urgent worden gepresenteerd uit angst dat ze anders niet serieus genomen worden. De wezenlijke vraag wordt daarmee: 'Moet het écht nu, waarom kan het niet straks als het mij wat beter uitkomt?'

De tweede vraag is al even simpel:

2   WAAROM MOET ÍK DIT DOEN, HOORT HET WEL BIJ MIJ?

Omdat het voor je functie niet echt essentieel is, hoort het waarschijnlijk bij de functie van iemand anders. De vraag is dan waarom het toch bij jou terechtkomt. Uit gewoonte, omdat je het altijd gedaan hebt? Omdat er domweg niemand anders is om het te doen en het toch gebeuren moet? Een medewerker op een administratieve afdeling had in zijn vorige functie veel te maken met computers en printers. Hij was toen een ware expert in het verhelpen van problemen met printers, dat was bij iedereen bekend. Maar toen hij in zijn nieuwe functie zat, die echt helemaal niets meer met printers te maken had, werd hij nog dagelijks gebeld met vragen om hulp. Hij bleef die hulp ook geven, want, zo zei hij: 'Ach, ik ben er nou eenmaal goed in ...'

Het tragische van dit voorbeeld is, dat al die andere mensen met hun 'foute' verzoek om hulp beloond werden: hun probleem werd verholpen. En mensen leren nou eenmaal heel snel als het in hun voordeel is. Onze medewerker moest, toen het echt te gek werd, hard 'nee' gaan zeggen om nog aan zijn eigenlijke werk toe te komen. En zijn 'nee' werd in eerste instantie door de anderen niet begrepen ...

Komt al dat werk bij jou terecht omdat je geen 'nee' kunt of mag zeggen? Consequent 'nee' zeggen maakt je niet populairder. Zoals een deelnemer die moeite had met 'nee' zeggen wanhopig opmerkte: 'Dit is een cursus onaardig worden voor beginners!'

En hij had gelijk: goed timemanagement betekent in veel gevallen dat je in eerste instantie wat minder aardig wordt voor je omgeving. Met de beste bedoelingen, maar toch ...

De derde vraag is al even krachtig:

3 WAAROM DOEN WE DIT OP DEZE MANIER?
De gedachte achter deze vraag is dat een heleboel zogenaamd urgente zaken best anders georganiseerd kunnen worden.

Een voorbeeld: een productiemanager van een grote fabriek werd de hele dag gestoord door allerlei jonge medewerkers die met hun technische vragen bij hem kwamen. Lang niet altijd urgent en zeker voor hem niet altijd essentieel. Maar als zo'n jongen voor je neus staat, is het ook niet vriendelijk om hem meteen weer weg te sturen. Iemand die voor je neus staat of een telefoon die gaat, is al gauw urgent of dringend. De oplossing was simpel: waarom komen al die jongens direct op hem af, kunnen ze niet wachten tot het eind van de dag en dan in één keer met al hun vragen komen? Of kunnen er geen vaste momenten in de week georganiseerd worden waarin hij op alle vragen kan ingaan?

In iedere functie en organisatie zijn, als je erover nadenkt, voorbeelden te vinden van taken die op een bepaalde, onhandige manier uitgevoerd worden. En wanneer je vraagt waarom het op die manier gebeurt, hoor je waarschijnlijk een verontschuldigend 'omdat we het altijd zo gedaan hebben'.

De vierde vraag is wat harder van karakter:

4 WAAROM DOEN WE DIT ÜBERHAUPT?
Is het wel een zinvolle activiteit? Wat zou er gebeuren als we bepaalde dingen eenvoudigweg niet meer doen? Wanneer je op vakantie bent of op cursus, worden al die zogenaamde urgenties door anderen opgelost of verdwijnen vanzelf. Alleen, wanneer je collega's weten dat je terug bent, weten ze je ongetwijfeld ook weer te vinden!

De werkelijke strijd in timemanagement gaat zoals gezegd over het 'ontvluchten' van die urgente, niet-essentiële zaken en over hoe je kunt toekomen aan belangrijke zaken die niet zo urgent zijn. Iedereen weet wat er normaliter met die essentiële zaken gebeurt: die blijven liggen of worden steeds maar weer uitgesteld tot ze vanzelf een keer urgent worden. We noemen dit het *cliff-hanger principe*: de cliff-hanger gaat pas wat doen wanneer hij met rots en al naar beneden dreigt te vallen. Om wel aan die essentiële, maar niet-urgente zaken toe te komen moet je ze plannen.

Maar plannen alleen is niet voldoende, want planning garandeert niet dat het uitgevoerd wordt, zeker niet als het om weinig urgente taken gaat. Naast die planning moet je je werk ook zo organiseren dat je werkelijk aan die essentiële taken toekomt. Dat betekent bijvoorbeeld dat je die geplande tijd moet 'beschermen'.

Een voorbeeld: een beleidsmedewerkster die nogal wat schrijfwerk verrichtte, wilde per dag twee 'stille' uren hebben om aan essentiële, maar niet-urgente stukken te kunnen werken. Zij schatte in dat ze met die twee uur per dag voldoende tijd zou hebben om haar functie een stuk prettiger te maken én een stuk beter te functioneren.

Die twee uur werden haar niet zomaar gegeven, ze moest er stevig voor praten om ze te krijgen, want het betekende dat de collega's uit haar directe omgeving haar die twee uur niet mochten storen. Zij koos er gelukkig voor om vaste uren te nemen, zodat iedereen wist: van 10.00 uur tot 12.00 uur mogen we Nina niet storen. Toen dit eenmaal afgesproken was, moest zij de eerste tijd stevig in haar schoenen staan en keer op keer iedereen die toch even langskwam de deur wijzen.

Zij noemde dit zelf 'mijn omgeving opvoeden'. Pas na een half jaar (!) was het iets vanzelfsprekends geworden en werd ze steeds minder gestoord tijdens die twee stille uren.

Naast plannen (wat het eenvoudigst is) gaat het dus vooral om organiseren: het regelen en beïnvloeden van je omgeving zodat je die tijd ook werkelijk nemen kunt. Het is belangrijk om dit goed tot je door te laten dringen: timemanagement is maar voor een zeer beperkt deel een planningsvraagstuk! Want nadat je gekozen hebt voor een bepaalde taak en die ingepland hebt, moet je aan de slag met je omgeving. Timemanagement is dus naast kiezen en organiseren ook een kwestie van beïnvloeden en sturen.

Het helpt om essentiële en niet-urgente taken om te zetten in routines: vaste gewoonten. Het klinkt niet echt spectaculair, maar mensen werken nou eenmaal erg effectief én efficiënt wanneer ze routinematig kunnen werken.

Een voorbeeld? Dit boek schrijven was voor mij essentieel en ik heb geprobeerd het niet al te urgent te maken, want dan zou de pret van het schrijven teniet gedaan worden door de druk en de haast om het op tijd af te krijgen. Wat voor mij werkt, is gewoon elke dag een halfuur te schrijven. Of ik nou zin heb of niet, gewoon niet zeuren en elke dag even dat halfuurtje schrijven. Het is verbazingwekkend hoe gemakkelijk dat dan gaat en het is evenzo verbazingwekkend, hoever ik zo in twee weken kom. Verder dan wanneer ik wacht op die ene dag dat ik vrij heb om eens even te gaan schrijven. Je kunt proberen om in één keer honderd meter te lopen, maar het is vaak gemakkelijker om honderd keer één meter te lopen.

De kracht van routines zit vooral in het feit dat een routine je startenergie bespaart. We verliezen vaak meer tijd in het 'komen' tot de uitvoering dan in de uitvoering zelf. Routines hebben het voordeel dat je over een aantal zaken niet meer hoeft na te denken; je begint gewoon. Voor die essentiële, maar niet-urgente taken helpt deze regel het best:

Vaste taak, vaste tijd, vaste plek.

Het is mijn stellige overtuiging dat mensen gelukkiger worden in hun werk naarmate ze meer het gevoel krijgen dat ze de tijdindeling en uitvoering van hun werk zélf sturen. Die essentiële, maar niet-urgente taken zijn vaak de werkelijke plezierverschaffers. Zelf sturen betekent dat je actief, op basis van eigen keuzes kunt werken en niet reactief werkt op basis van allerlei urgenties.

Werken vanuit essentiële, niet-urgente taken lijkt aantrekkelijk, maar tussen droom en daad staan mensen in de weg en praktische bezwaren. Ook al plan je je werk, je kunt er zeker van zijn dat er storende factoren op zullen treden.

Storingen noemen we 'intern' als ze met je eigen keuze of prioriteitsstelling te maken hebben en 'extern' als het gaat om verstorende invloeden van buitenaf. Storingen halen je uit je concentratie en kosten alleen al daarom veel energie. De duur van de storing bepaalt mede hoeveel tijd het je kost. Storingen zijn een van de grootste gevaren voor efficiëntie.

OPDRACHT
De volgende checklist is een verzameling van wat deelnemers aan timemanagementcursussen de afgelopen jaren als 'storing' hebben genoemd. Met behulp van deze checklist breng je de storingen in kaart waardoor je het meest geplaagd wordt. Door het overzicht en de nabespreking van de checklist krijg je een duidelijker beeld van wat de aard en achtergrond van die storingen is. En van wat er wel of niet aan te doen is.

In de vragenlijst vind je stellingen die een uitspraak doen over een specifiek probleem bij het beheren of beheersen van je eigen tijd. Zet bij elke vraag een:

2 als je serieus last hebt van het beschreven probleem
1 als het in mindere mate een probleem voor je is, maar de betreffende beschrijving nog wel een tijdverspiller is
0 als de beschrijving niet op je van toepassing is.

Timemanagementanalyse

_____ 1 Het ontbreken van duidelijke doelstellingen in mijn werk.

_____ 2 Geen gestructureerde indeling van mijn werkdag.

_____ 3 Ik stel niet echt prioriteiten vast voor mijn eigen werkzaamheden.

_____ 4 Ik word te vaak gedwongen om mijn prioriteiten te wijzigen.

_____ 5 Ik verander te vaak mijn eigen prioriteiten.

_____ 6 Ik ben veel tijd kwijt met het opzoeken van dingen.

_____ 7 Ik heb de neiging zaken nog een keer over te doen.

_____ 8 Ik moet doelstellingen halen waar ik geen zeggenschap over heb.

_____ 9 Onervaren medewerkers.

_____ 10 Mijn medewerkers zetten zich onvoldoende in.

_____ 11 Geen methode om de voortgang van werkzaamheden te volgen.

_____ 12 Te veel dingen zelf willen doen.

_____ 13 Ik ben te veel bezig met routinevraagstukken.

_____ 14 Ik heb onvoldoende vertrouwen in mijn medewerkers.

_____ 15 Er is een grote weerstand om dingen te veranderen.

_____ 16 Ik word te vaak gestoord door medewerkers.

17 Te veel storingen doordat ik opgebeld word.

18 Te veel bezoekers die zo maar binnenlopen.

19 Onvoldoende beheersing van de tijd.

20 Feitelijke werkprestatie van medewerkers zijn te mager.

21 Te veel vergaderingen waar niets gebeurt.

22 Redenen van bijeenkomsten zijn onduidelijk.

23 Te weinig betrokkenheid in vergaderingen.

24 Te veel conflicten in vergaderingen.

25 Te veel ad hoc-beslissingen.

26 Te veel mensen betrokken bij de besluitvorming.

27 Onvoldoende mensen betrokken bij het nemen van besluiten.

28 Ik word niet in staat gesteld om dingen af te ronden.

29 Te veel crisissituaties die door anderen veroorzaakt worden.

30 Ik veroorzaak vaak zelf een crisissituatie.

31 Ik besteed veel tijd aan dagdromen en fantaseren.

32 Er bestaan geen vaste termijnen waarop dingen klaar moeten zijn.

33 Ik kijk de dingen die anderen gedaan hebben nog een keer na.

34 Ik weet niet precies waarvoor ik verantwoordelijk ben.

35 Ik moet aan te veel mensen leidinggeven.

36 Ik heb te weinig medewerkers.

37 Ik heb, gelet op de werkzaamheden, te veel medewerkers.

38 Het lijkt wel of het niet echt belangrijk is hoe de tijd besteed wordt.

_____ 39 De medewerkers worden niet voldoende gemotiveerd.

_____ 40 Medewerkers willen geen verantwoordelijkheid dragen.

_____ 41 Werkzaamheden worden onvoldoende op elkaar afgestemd.

_____ 42 De mensen hebben geen inzicht in de prioriteiten.

_____ 43 Er wordt te vaak informatie verstrekt die niet compleet is.

_____ 44 Er ontbreken normen waaraan prestaties moeten beantwoorden.

_____ 45 Mensen accepteren de normen niet waaraan ze moeten vol-
doen.

_____ 46 Ik moet op te veel werkzaamheden toezicht houden.

_____ 47 De mensen kunnen geen 'nee' zeggen.

_____ 48 Te veel vergaderingen waar geen beslissingen worden genomen.

_____ 49 Gebrek aan onderlinge communicatie.

_____ 50 Er wordt veel te veel overlegd (zonder onderscheid te maken).

_____ 51 Te veel onduidelijke berichten.

_____ 52 Er worden te weinig fundamentele keuzes gemaakt.

_____ 53 De besluitvormingsprocessen duren veel te lang.

_____ 54 We willen veel te veel feiten kennen voor we een beslissing nemen.

_____ 55 Ik kan onvoldoende zelf bepalen wanneer zaken afgerond moeten zijn.

_____ 56 Ik onderschat hoeveel tijd het kost om dingen klaar te krijgen.

_____ 57 Ik overschat de tijd die nodig is om zaken af te maken.

_____ 58 Ik probeer altijd meer te doen dan mogelijk is.

_____ 59 Ik neem gewoon onvoldoende rust om zaken te plannen.

___ 60 Ik ben niet zeker over mijn bewegingsvrijheid.

___ 61 Ik krijg van te veel mensen opdrachten en aanwijzingen.

___ 62 Ik kan/mag mezelf niet afzonderen om werk af te maken.

___ 63 Ik heb personeel onder me met persoonlijke problemen.

___ 64 Medewerkers hebben onderlinge conflicten.

___ 65 Ik maak onvoldoende gebruik van goede ideeën.

___ 66 Er is slechte samenwerking in de teams.

___ 67 Medewerkers zijn te laat op de hoogte van het beleid.

___ 68 Er bestaat geen overeenstemming over de doelstellingen.

___ 69 Men is niet op de hoogte van de doelstellingen.

___ 70 De stand van zaken is gewoonlijk niet bekend.

___ 71 Mensen verwachten geen voortgangsrapportages.

___ 72 Men bemoeit zich te veel met het werk van anderen.

___ 73 Er worden te veel fouten en vergissingen gemaakt.

___ 74 Mensen tonen te weinig eigen initiatief.

___ 75 Er wordt te veel via papier gecommuniceerd.

___ 76 Men verzuimt echt naar elkaar te luisteren.

___ 77 Men verzuimt op zoek te gaan naar essentiële basisinformatie.

___ 78 Mensen houden onvoldoende zakelijke afstand van elkaar.

___ 79 Men neemt besluiten terwijl de benodigde gegevens ontbreken.

___ 80 Men is niet in staat in te spelen op toekomstige problemen.

___ 81 Alle beslissingen worden in de top van de organisatie genomen.

De 'verstoringen' in deze checklist komen allemaal uit de praktijk van alledag. Maar er zit wel een bepaalde indeling achter. De verstoringen zijn onder te brengen in zeven categorieën, afkomstig uit een klassiek model voor management:

- *planning*: alles wat te maken heeft met het definiëren van doelen van functies en het uitzetten in tijd van wat bereikt moet worden, het tijdbeheer
- *organisatie*: toewijzen van verantwoordelijkheden en bevoegdheden, definiëren van taken en uit te voeren werk
- *bemanning*: de bezetting van functies, kenmerken en kwaliteiten van het personeel dat de taken uit moet voeren
- *managementstijl*: de manier waarop de mensen die het werk uitvoeren aangestuurd worden
- *tijdbeheersing*: het onder controle houden van de tijdbesteding en de controle op werkresultaten
- *informatie*: alles wat met het overbrengen van voor het werk benodigde informatie te maken heeft
- *besluitvorming*: de manier waarop en door wie besluiten worden genomen.

Dit klassieke model is toepasbaar op veel werksituaties; overal zal iets van planning nodig zijn, moeten mensen aangestuurd worden, et cetera. Voor timemanagement geeft dit model aangrijpingspunten om te zien of alles zodanig geregeld is dat het werk met een minimum aan tijd en energie uitgevoerd kan worden.

Je hebt de lijst ingevuld en kunt de resultaten invullen in afbeelding 7. De scores per hoofdstukje kun je optellen en weergeven in de blokdiagrammen van afbeelding 8.
In deze diagrammen zie je twee dikkere, verticale zwarte lijnen. Deze lijnen geven de onder- en bovengrens aan van de gemiddelde scores van zo'n vijfhonderd mensen die tijdens timemanagementcursussen deze lijst ingevuld hebben. De onder- en bovengrens geven aan waar je scores echt afwijken van wat gebruikelijk is. Deze diagrammen geven

een eerste beeld van hoe het gesteld is met de verstoringen in je werksituatie.

We bekijken nu de ingevulde lijst nog eens nauwkeurig.
Dat kan op de volgende manier:
- Neem de diagrammen uit afbeelding 8 waarin je de hoogste scores hebt (waar je lijn het meest naar rechts uitkomt en/of waar je hoger scoort dan gemiddeld).
- Ga vanuit die hoogste scores terug naar de scoringstabel. Je ziet dan bij welke uitspraken je in die betreffende categorie een 1 of een 2 hebt ingevuld.
- Bekijk die uitspraken nog eens en vraag je af of je de verstoring kunt beïnvloeden of niet. Als dat niet kan, besteed er dan geen energie meer aan. Als dat wel kan, bedenk dan wat je er aan kunt doen en noteer dat.

Tot slot kun je de lijst eens in laten vullen door een of meer collega's op je afdeling. Door gezamenlijk een analyse te maken, creëer je een gedeelde visie op verstoringen en wordt het vaak gemakkelijker om er gezamenlijk iets aan te doen.

Deze vragenlijst maakt de laatste jaren ook deel uit van kwaliteitsprogramma's op afdelingen. Het gebruik is niet bedreigend voor de deelnemers en de uitkomsten leiden meestal tot zeer concrete voorstellen die eenvoudig ingevoerd kunnen worden.

DE TIJD VAN JE LEVEN

Vraag	Cijfer	Vraag	Cijfer	Vraag	Cijfer
1		28		55	
2		29		56	
3		30		57	
4		31		58	
5		32		59	
Subtotaal		Subtotaal		Subtotaal	

planning

6		33		60	
7		34		61	
8		35		62	
Subtotaal		Subtotaal		Subtotaal	

organisatie

9		36		63	
10		37		64	
11		38		65	
Subtotaal		Subtotaal		Subtotaal	

bemanning

12		39		66	
13		40		67	
14		41		68	
15		42		69	
Subtotaal		Subtotaal		Subtotaal	

management-stijl

16		43		70	
17		44		71	
18		45		72	
19		46		73	
20		47		74	
Subtotaal		Subtotaal		Subtotaal	

beheersing

21		48		75	
22		49		76	
23		50		77	
24		51		78	
Subtotaal		Subtotaal		Subtotaal	

communicatie

25		52		79	
26		53		80	
27		54		81	
Subtotaal		Subtotaal		Subtotaal	

besluit-vorming

Afbeelding 7

planning

organisatie

bemanning

management-
stijl

beheersing

communi-
catie

besluit-
vorming

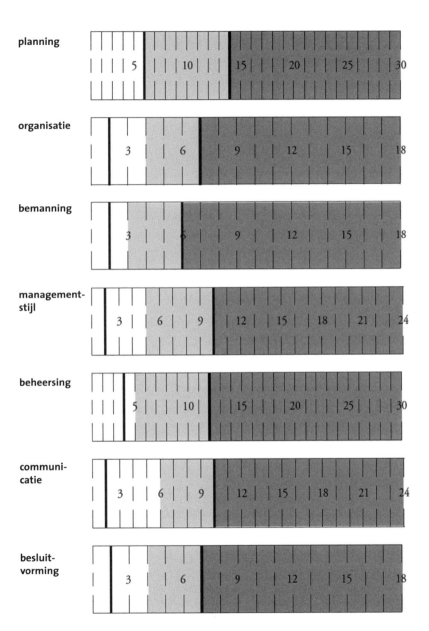

Afbeelding 8

6 DE ONVERMIJDELIJKE TIPS

Wanneer je hebt vastgesteld wat in een functie van belang is, kun je bepalen *hoe* je de uit te voeren taken op de beste manier aanpakt. De beste manier wordt bepaald door de hoeveelheid tijd en energie die je besteedt om de output te bereiken. Optimaal omgaan met tijd, middelen en energie noemen we efficiëntie.

Op de Werk-Tijdlijn gaat het om tijdbeheersing: het beheersen van tijd, middelen en je eigen gedrag om zo efficiënt mogelijk te werken.
De manier waarop wij taken uitvoeren wordt vaak bepaald door werkgewoontes. Die gewoontes kunnen sterk persoonsgebonden zijn, maar ook afdelings- of organisatiegebonden.
Op de Werk-Tijdlijn gaat het allereerst om de persoonlijke werkmethoden en gewoontes. Het gaat om de dagelijkse praktijk, zoals:
- dagelijks plannen van taken
- voorkomen van en omgaan met verstoringen
- 'nee' zeggen
- hanteren van de telefoon en e-mail
- delegeren
- archiveren van stukken
- manier van vergaderen.

Op deze, vooral praktische, lijn richten zich de vele tientallen tips in de 'how to do it'-literatuur. De inhoud van die tips is doorgaans niet verrassend of bijzonder origineel. 'Handel e-mailberichten achter elkaar af', 'Regel dat een ander de telefoon voor je opneemt wanneer je ongestoord aan een stuk wilt schrijven' of 'Maak elke dag een overzicht van je belangrijkste taken voor die dag'. Het zijn geen vindingen die in aanmerking komen voor een Nobelprijs, al kunnen ze voor sommigen bruikbaar zijn. Het probleem zit meestal niet in het bedenken van een oplossing. Het probleem zit in het feit dat veel werkgedrag gewoontegedrag is. En gewoontes zijn in de dagelijkse praktijk niet zo gemakkelijk te veranderen als sommige boeken over timemanagement doen geloven.

Tips zijn gemakkelijk te verkopen. En mensen vragen ook altijd om tips. Alsof die ene tip de oplossing is van het werkelijke probleem dat ze hebben. De behoefte aan simpele, krachtige 'tips' heeft te maken met de voorkeur om een probleem op te lossen zonder een werkelijke keuze te hoeven maken.

Geef mij de tip die mijn probleem wegtovert zonder dat ik verder iets hoef te veranderen of er werkelijk iets voor hoef te doen.

Wie zou zo'n tip – als die zou bestaan – weigeren? Ik heb al eerder gezegd dat timemanagement vooral kiezen en beïnvloeden is. Wie niet wil kiezen en wie niet durft of kan beïnvloeden, heeft alleen die tips nog als redmiddel. De twee allerbeste zal ik je direct geven:

1   Doe het gewoon niet!
2   Laat het een ander doen!

Slimmer en beter dan dit kan niet. Maar wanneer je met deze twee tips niets kunt, vind je hierna misschien een tip waar je wel wat mee kunt. Van alle tips die ik bedacht en verzameld heb, zal ik de tien beste presenteren. Bij elke tip geef ik ook aan waarom ik vind dat die werkt. In de bijlage vind je een volledig overzicht van alle tips die ik in de loop der jaren gelezen of gehoord heb, gerangschikt naar zeven belangrijke onderwerpen als vergaderen en omgaan met e-mail.

1   PLAN DE DAG VAN MORGEN, LIEFST AAN HET EIND VAN DEZE DAG

We kunnen er niet omheen: mensen die op de een of andere manier hun dag proberen te plannen, werken beter. Wanneer je vandaag al nadenkt over de dag van morgen, ga je 'opgeruimd' de deur uit en kom je morgen al enigszins georganiseerd binnen. Wanneer er al urgenties op je wachten bij binnenkomst, eisen die je direct op en komt het er vaak niet meer van om de rest van de dag te plannen.

Vanaf het begin af aan word je gestuurd en krijg je je eigen sturing niet meer terug. Van tevoren een plan maken, voorkomt dat. Wellicht behoor je tot de grote groep van mensen die dit al eens geprobeerd heeft en na twee weken gestopt is met het dagplan. Misschien herken je je in de wanhopige uitspraak van een deelnemer van een van mijn timemanagement-cursussen die zei: 'Mijn dagplan werkt … tot kwart over negen 's ochtends!' Want dan begonnen voor hem de telefoontjes en de storingen door collega's en klanten.

Of herken je je in de cynische uitspraak van een andere cursist: 'Ik hoef van tevoren geen dagplan te maken, ik kan altijd die van gisteren nemen, want daar ben ik toch niet aan toegekomen, mijn dagplan kan ik rustig een maand lang handhaven …'

Alle scepsis ten spijt, goed functionerende en productieve mensen blijken altijd op de een of andere manier hun dag voor zover mogelijk te plannen. Wanneer je plant zonder dat daar ook maar iets van uitgevoerd wordt, plan je waarschijnlijk gewoon te veel. Of je houdt geen rekening met het feit dat je op een 'normale' werkdag door van alles gestoord wordt. Houd eens twee dagen achter elkaar bij wie je stoort, op welk moment en waarvoor. Onder storing versta ik dan een inbreuk op je eigen activiteit voor iets dat, wat jou betreft, niet echt urgent en ook niet echt essentieel is. Als je die investering weet op te brengen, zul je verbaasd zijn over:

– het aantal storingen op een dag, dat meestal veel groter is dan je vermoedt
– het patroon dat uit die lijst van storingen tevoorschijn komt; meestal zijn het dezelfde mensen die je voor dezelfde zaken storen.

Zo'n overzicht maakt het gemakkelijker om de storingen te categoriseren en aan te pakken. Vooral de vragen 'Waarom ik?', 'Waarom nu?' en 'Waarom op deze manier?' helpen om al die niet-belangrijke verstoringen aan te pakken.

De belangrijkste beloning van de dagplanning is het doorstrepen van wat je gerealiseerd hebt. Niets is leuker en stemt tot meer tevredenheid dan uiteindelijk alles door te strepen wat op je lijstje stond en vervolgens je hele lijstje aan snippers te scheuren. Want uiteindelijk was een van de belangrijkste factoren die tot een perfecte werkdag leiden, het gevoel dat je iets afgemaakt hebt.

Wat voor soort planmethode je gebruikt, maakt niet veel uit. Kies of maak iets dat bij je manier van werken past. De een doet het op de computer, de ander bij voorkeur op een los velletje papier. De 'rekkelijken' hebben een kladje of een aantal 'post-it'-papiertjes op hun bureau geplakt, de 'preciezen' hebben een bijna wiskundig systeem met A-, B-, en C-prioriteiten. In de praktijk werkt alleen dat wat bij je past.

2 PLAN PER DAG IETS DAT JE WILT AFMAKEN

In veel functies is strikte tijdplanning onzinnig: er zijn te veel onverwachte gebeurtenissen of de functie is er juist om te reageren op allerlei zaken en verstoringen van buiten. Als planning van activiteiten niet kan, plan dan in ieder geval iets dat je wilt afmaken.

Een klassieke regel in planning zegt, dat je een dag voor niet meer dan zestig procent vol moet plannen. De betrekkelijkheid van zulk soort regels bewijst zich dagelijks, want het hangt sterk van het karakter van je functie af óf zestig procent wel haalbaar is. Als je een functie hebt waarin je voortdurend door anderen (bazen, medewerkers, collega's, klanten of machines) aangestuurd wordt, is zelfs zestig procent een onmogelijkheid. Maar 's ochtends bepalen wat je af wilt hebben en dat vervolgens ook realiseren, draagt weer bij aan dat gevoel van een perfecte werkdag. Je zorgt ervoor dat je ondanks alles wat er gebeurt op een dag, 's avonds in ieder geval iets hebt om tevreden op terug te kijken.

En, niet de minste reden om toch iets van een plan te hebben: je hebt een soort 'onderhandelingsargument' als iemand je komt storen. Tegen je baas kun je bijvoorbeeld zeggen: 'Ik wil dat wel voor je doen, maar houd er rekening mee dat ik dít (wat je gepland had) dan niet kan doen.' Daarmee maak je in ieder geval aan de ander duidelijk dat je 'ja' ten koste gaat van iets anders.

3 PLAN ESSENTIËLE, NIET-URGENTE TAKEN OP DE RUSTIGE TIJDSTIPPEN

Elke functie kent zijn piek- en daltijden: uren, dagen en soms ook weken dat het wat rustiger is. Ook in jouw bedrijf, let er maar eens op. Gebruik die rustige tijd vooral voor zaken waarbij je niet gestoord wilt worden. In onderstaand voorbeeld is op grond van een aantal gesprekken met productiesupervisors voor hun functie de kans op storing getekend.

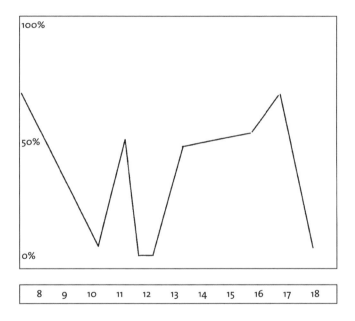

Afbeelding 9

Omdat het in dit geval een functie betrof in een volcontinu productiebedrijf, is de kans op 'storing' 's ochtends vroeg op moment van binnenkomst al groot: er is 's nachts bijna altijd wel wat gebeurd dat 's ochtends om aandacht van de supervisor vraagt. Na 10.00 uur neemt de kans op storing af. Een korte piek vlak voor de lunch wordt veroorzaakt door het feit dat iedereen weet dat ze de supervisor 'dan nog even te pakken kunnen krijgen'. Na de lunch loopt de curve weer omhoog om rond 17.00 uur nog een kleine top te bereiken. Dan komen de vragen of storingen naar voren die ervoor zorgen dat een productiesupervisor nooit echt op tijd naar huis kan.

OPDRACHT

Teken voor jezelf eens je storingsgrafiek. Ga ervan uit dat er geen echt normale dagen bestaan, maar dat er toch wel een zeker ritme in je functie te herkennen is. Uit de daluren in je grafiek lees je direct af welke tijdstippen van de dag het meest geschikt zijn voor het uitvoeren van essentiële, maar niet-urgente taken.

4 REGEL 'BLOK-UREN' MET COLLEGA'S, TELEFONISTE, KLANTEN, ET CETERA

Organiseer 'vrije' uren (of halve uren). Liefst op vaste dagen en op een vaste tijd, dat is het gemakkelijkst voor je omgeving. Dit is een duidelijk voorbeeld van een in wezen erg simpele tip, die in de praktijk te weinig benut wordt. Het is verbazingwekkend hoe weinig tijd mensen voor zichzelf regelen. En in sommige organisaties is het ook niet gemakkelijk om tijd voor jezelf vrij te maken. Dat is dan tegen de 'cultuur' die voorschrijft dat iedereen op zijn plek moet blijven zitten, of je nou ongestoord kunt werken of niet.

Bij een commerciële afdeling van een Amerikaanse multinational gold het credo: *you can't be working if you are not at your desk*. Je verwijderen om ergens ongestoord te kunnen werken, was verdacht. En dus bleef iedereen maar zitten om zichtbaar niks te doen. Dat was veiliger dan onzichtbaar je werk doen.

Het kost je waarschijnlijk moeite om die 'blokuren' te claimen bij je baas of collega. Zeker bij die laatste, omdat je inderdaad het werk, de telefoontjes en mogelijke andere verstoringen voor een (beperkte) tijd op hem afwentelt: 'Als ik er niet ben, wordt hij dubbel gestoord.'

Inderdaad, maar juist daarom zal je collega begrijpen hoe prettig het is om een half uur ongestoord te kunnen werken. En als hij van dezelfde problemen last heeft als jij, ligt het voor de hand om een 'ruil' tot stand te brengen: 'Als jij mij dit half uur nu gunt, neem ik het straks een half uur van jou over, zodat we allebei een periode hebben om ongestoord een paar dingen af te werken.' Het is zó simpel en het werkt, maar je moet het even organiseren.

5 START TELEFOONGESPREKKEN MET HET DOEL; MELD DIRECT WAARVOOR JE DE ANDER BELT

Door direct doelgericht te openen, stuur je de ander veel directer aan en bespaar je tijd. Een variant hierop: start memo's of mailtjes met het doel of de conclusie, dan weet de ander meteen wat de essentie is.

Een veelgehoord bezwaar tegen deze tip is dat het onbeleefd zou zijn als je een telefoongesprek niet eerst begint met 'Hoe is het met je?' Dat klinkt ook wel aardiger, maar het is tegelijk een vrijbrief voor de ander om te bepalen hoe hij of zij daar op wenst te antwoorden. En als je dan een heel verhaal krijgt, kun je dat moeilijk afkappen want je hebt er eerst zelf om gevraagd.

Wanneer je begint met het doel van je telefoontje, kun je daarna altijd nog even informeren hoe het met de ander is. Het wordt dan wel gemakkelijker om direct terug te keren naar het doel van het gesprek. Mensen werken nu eenmaal beter en sneller als er een doel bekend is.

Ook voor memo's geldt dat ze beter overkomen wanneer het doel of de conclusie als eerste vermeld wordt. Mensen onthouden conclusies gemakkelijker dan hele verhalen of feiten. Dit geldt voor memo's op papier en voor berichten die je via e-mail verzendt. Juist omdat het met de mail zo ongelofelijk eenvoudig is om één bericht naar een onbeperkt aantal mensen te sturen. De techniek zorgt voor de overvloed aan informatie, de techniek helpt niet om te bepalen wat nou voor wie essentieel is. Elke ontvanger moet dus zelf bepalen of een bericht interessant voor hem is. En dat is gemakkelijker als een bericht begint met de conclusie.

6 HANDEL 'PAPIER' IN ÉÉN KEER AF

Een eenvoudige, maar zeer krachtige tip, die wel sterk afhankelijk is van je discipline in het beteugelen van je nieuwsgierigheid. Als je iets oppakt van de stapel(s) op je bureau, doe het dan op een tijdstip dat je het ook direct kunt afhandelen. Daarmee voorkom je dat je keer op keer door dezelfde stapel gaat of nieuwe stapels creëert. Het doornemen van post bijvoorbeeld, laat je zo mogelijk eerst door iemand anders doen. En dat wat alsnog bij je terechtkomt, neem je pas ter hand op het moment dat je ook de tijd hebt om er direct op te reageren. Post kan belangrijk zijn, maar is zelden meer urgent. Echte urgenties bereiken je wel op een andere manier.

7 DOE GELIJKSOORTIGE TAKEN ACHTER ELKAAR

Doe schrijfwerk achter elkaar, dat scheelt startenergie. Doe ook alle telefoontjes (voor zover mogelijk) in één blok. Het afwisselen van allerlei soorten taken lijkt leuk, maar kost je veel tijd en extra energie. Nogmaals: veel energie gaat verloren in het opstarten van taken, niet zozeer in het uitvoeren.

8 DENK IN DE OCHTEND, PRAAT IN DE MIDDAG

De meeste mensen zijn 's ochtends 'scherper' dan 's middags. Neem dus 's ochtends de tijd voor denktaken. Of, zoals ik iemand eens hoorde zeggen: ''s Ochtends houd ik mezelf wel wakker, 's middags heb ik daar anderen voor nodig.'

Met name in Amerika is veel onderzoek gedaan naar 'bioritmen'. Het probleem met bioritmen is, dat mensen meer dan één ritme hebben. Bovendien gaat het niet alleen om het moment waarop je het beste kunt denken. Dit is wat we weten over bioritmen:

- De meeste mensen zijn het meest alert rond het middaguur, maar krijgen kort daarna een flinke daling van energie en concentratie. Dit staat bekend als de 'after lunch dip', maar je kunt er rustig van uitgaan dat je die dip ook krijgt als je niet zou lunchen. De alertheid stijgt weer halverwege de middag.
- Je kortetermijngeheugen is op zijn best in de vroege morgen, je langetermijngeheugen is daarentegen weer beter in de middag.
- Het einde van de ochtend is het best voor denkwerk. Dit is het beste moment voor creatieve taken of ingewikkelde opdrachten die een sterk beroep doen op je denkvermogen.

- Voor activiteiten die je vanuit je routine met je ogen dicht kunt doen, is het begin van de middag het meest geschikt.
- Je oog-handcoördinatie is op zijn best in de middag, de beste tijd voor typwerk of werk dat verfijnde handbewegingen vraagt (vraag je chirurg altijd of je aan het eind van de middag geopereerd kunt worden ...).
- Al onze zintuigen, zoals smaak, reuk, gehoor en gezicht, zijn op het scherpst in de schemeruren. Daarom lijkt het ook alsof je kinderen meer lawaai maken wanneer je 's avonds thuiskomt dan toen je 's ochtends het huis verliet!
- Onze tijdwaarneming is sterk verbonden met onze lichaamstemperatuur. 's Ochtends en 's avonds, wanneer onze lichaamstemperatuur relatief lager is, lijkt de tijd sneller te gaan. Wanneer de lichaamstemperatuur in de middag en vroege avond stijgt, lijkt het alsof de tijd trager gaat. Als we hoge koorts hebben, lijkt de tijd bijna stil te staan.
- Lichamelijke training ervaren we aan het eind van de middag als minder zwaar dan 's ochtends vroeg.

9 GA GEWOON DOOR MET JE WERK ALS IEMAND JE ONVERWACHT STOORT

Let eens op wat je zélf doet wanneer iemand je stoort: leg je je pen neer, schuif je het werk van je af? Allemaal signalen dat je 'klaar en beschikbaar' bent voor de ander. Je geeft de ander alle ruimte om zijn verhaal te doen. Botweg doorgaan met je werk geeft duidelijk aan dat de ander je stoort. Een variant hierop: direct gaan staan als een bezoeker of collega onverwacht bij je binnenkomt. Door te gaan staan, confronteer je de ander en dwing je hem sneller ter zake te komen. Een tip die hierbij aansluit is de volgende: ga bij iemand langs als je iets wilt bespreken, dat is beter dan wanneer iemand bij jou langskomt. In dat laatste geval kun je namelijk zelf moeilijk opstappen. Op bezoek gaan bij een ander maakt het gemakkelijker om weg te gaan als het je uitkomt.

10 GEBRUIK JE HOOFD OM TE DENKEN, NIET OM TE ONTHOUDEN

Alles wat je moet onthouden, kun je beter opschrijven. Papier is een beter geheugen dan je hoofd. Bovendien kost onthouden je energie die je beter voor denkwerk kunt gebruiken.

Het zijn maar tien tips en we kunnen nog pagina's lang doorgaan. Maar dit zijn er wel tien waarvan ik in de praktijk heb gezien dat ze écht kunnen werken.

Wellicht dacht je tijdens het lezen van deze tips: een beetje open deuren, weinig revolutionairs. Diezelfde ervaring heb ik ook met deze én met andere tips. Ze zijn wel handig en een zinnig mens kan er geen kwaad woord over zeggen. Maar de meeste tips werken pas als je eerst een goede analyse van je eigen 'probleem' hebt gemaakt. Tips zijn vaak geen afdoende oplossingen voor timemanagementproblemen.

Werkelijke oplossingen hebben altijd te maken met kiezen, organiseren én beïnvloeden, en met de kenmerken van je persoonlijke gedragsstijl. In het volgende hoofdstuk zullen we een analyse maken van je prestaties op effectiviteit en efficiëntie. Daarna gaan we in op die andere, bepalende factor van timemanagement: je eigen stijl.

7 JE E3-PROFIEL

Tot nu toe hebben we het gehad over Effectiviteit en Efficiëntie (respectievelijk de Persoon-Werklijn en de Werk-Tijdlijn). Nu wordt het tijd om je eigen prestaties op deze twee klassieke elementen van timemanagement eens te 'meten'.

Je kunt daarvoor de E3-vragenlijst gebruiken. Het is de bedoeling dat je de lijst zelf en door een of twee collega's in laat vullen.

Mensen die in je nabijheid werken, hebben vaak goed zicht op je manier van werken. Met hun scores en je uitkomsten krijg je een goed beeld van je eigen sterke en zwakke punten. Het enige wat je hiervoor hoeft te doen, is je collega('s) te vragen om overal waar 'ik' staat, jouw naam te lezen.

OPDRACHT
Lees de lijst door en voorzie elke uitspraak van een cijfer, al naar gelang de mate waarin je vindt dat de uitspraak voor jou geldig is. Maak het jezelf niet te moeilijk, de eerste ingeving is vaak de beste.

Na het invullen kun je de uitspraken zelf scoren en zullen we een profiel tekenen van de uitkomst.

een **1** betekent: absoluut niet op mij van toepassing
een **10** betekent: helemaal op mij van toepassing.

_____ 1 Ik houd goed in de gaten wat écht belangrijk is.

_____ 2 Ik werk hard.

_____ 3 Ik houd collega's die zomaar langs komen en storen goed onder controle.

_____ 4 Ik voel me erg verantwoordelijk voor mijn werk.

_____ 5 Ik kan me goed concentreren en word niet gauw afgeleid.

_____ 6 Ik deel mijn werk zoveel mogelijk in en werk volgens een plan.

_____ 7 Ik ben altijd enthousiast om werk op te pakken.

_____ 8 Ik werk doelgericht en mijn werk leidt tot resultaten.

_____ 9 Ik berg mijn zaken goed op en kan alles altijd direct terugvinden.

_____ 10 Ik besteed al mijn energie aan mijn werk.

_____ 11 Ik regel dat ik ongestoord kan werken wanneer dat nodig is.

_____ 12 Ik houd telefoongesprekken zo kort mogelijk.

_____ 13 Ik neem de tijd om aan de belangrijke zaken in mijn werk toe te komen.

_____ 14 Geen moeite is mij te veel in mijn werk.

_____ 15 Ik maak zoveel mogelijk direct af waar ik mee bezig ben.

_____ 16 Ik zal altijd proberen om zo goed mogelijk te presteren.

_____ 17 Ik weet meestal precies wat ik wil.

_____ 18 Ik deel grote klussen op in stappen en werk ze een voor een af.

_____ 19 Ik laat me door storingen en urgenties niet afbrengen van de écht belangrijke taken in mijn werk.

_____ 20 Ik zet door en laat me niet ontmoedigen bij tegenslag.

_____ 21 Ik maak goed gebruik van allerlei hulpmiddelen of apparaten om mijn werk zo snel mogelijk te doen.

_____ 22 Ik heb altijd een goed overzicht van mijn werk en weet goed prioriteiten te stellen.

_____ 23 Ik weet goed wat er van me verwacht wordt.

____ 24 Ik vind mijn werk het leukst wanneer het erg druk is.

____ 25 Ik probeer niet alles zélf te doen en maak goed gebruik van de hulp van anderen.

____ 26 Ik kan goed 'nee' zeggen tegen werk dat eigenlijk niet voor mij is.

____ 27 Als het werk erom vraagt, doe ik er gemakkelijk een schepje bovenop.

____ 28 Ik verlies me niet in details.

____ 29 Ik kom in vergaderingen en overlegsituaties snel tot de kern.

____ 30 Ik ben gedreven in mijn werk.

Je antwoorden neem je over in het schema op blz. 70.
Tel vervolgens je scores per kolom op. Je krijgt zo een beeld van:
– je mate van effectiviteit
– je mate van efficiëntie
– de energie die je besteedt.

Het E3-profiel brengt de verhouding tussen deze drie elementen in beeld. Je kunt de scores afbeelden in het diagram en de E3-ratio uitrekenen. We zullen enkele veelvoorkomende profielen en interessante onderzoeksresultaten uit deze vragenlijst bespreken.

Het E3-profiel geeft de verhouding weer tussen je Effectiviteit, je Efficiëntie en de hoeveelheid Energie die je besteedt aan je werk. In het ideale profiel liggen de scores voor zowel Effectiviteit als Efficiëntie hoog en scoort de bestede Energie gemiddeld.

je score

	effectiviteit	efficiëntie	energie
1:			
			2:
		3:	
			4:
		5:	
		6:	
			7:
8:			
		9:	
			10:
		11:	
		12:	
13:			
			14:
		15:	
			16:
17:			
		18:	
19:			
			20:
		21:	
22:			
23:			
			24:
25:			
26:			
			27:
28:			
		29:	
			30:

totaal

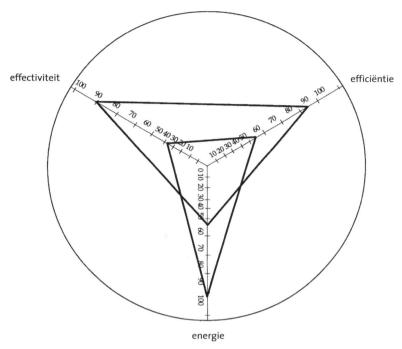

effectiviteit

efficiëntie

energie

Afbeelding 11

Dit ideaalprofiel zegt: doeltreffend en goed georganiseerd, het werk wordt zonder overdaad aan energie gerealiseerd. Het profiel wordt minder optimaal wanneer vooral de score voor Effectiviteit afneemt. Vaak neemt dan de score op Efficiëntie eveneens af. Wanneer dan de score op Energie hoog is, hebben we een situatie in kaart gebracht die om verbetering vraagt.

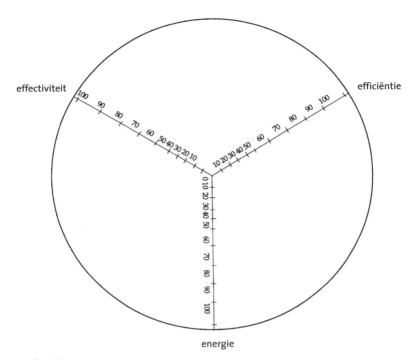

effectiviteit — efficiëntie — energie

Afbeelding 12

> **OPDRACHT**
> Teken je eigen profiel in afbeelding 12. Je kunt deze afbeelding ook downloaden van www.thema.nl.

Je kunt zelf uitzoeken wat voor verbetering in aanmerking komt door terug te keren naar de ingevulde vragenlijst. Onderstreep de vragen waar je laag op scoort. Laat de vragenlijst ook eens invullen door een collega of leidinggevende die je dagelijks in je werk meemaakt en een goed beeld heeft van je manier van werken. Leg de scores van je collega naast die van jezelf en richt je dan op die vragen waar je beiden laag op scoort. Noteer die vragen voor jezelf. Start vervolgens met het werken aan de vragen die te maken hebben met Effectiviteit door bijvoorbeeld je Resultaatgebieden in kaart te brengen en eens twee weken aandacht te besteden aan de manier waarop je prioriteiten stelt en keuzes maakt. En vraag de collega die de lijst voor je invulde ook om suggesties voor verbetering.

Wanneer je zuinig bent met het geven van punten (je scoort relatief veel zessen en zevens), krijgt je een kleiner profiel dan wanneer je erg royaal bent en veel negens en tienen uitdeelt. Om die vertekening uit het profiel te halen, berekenen we de zogenaamde E3-ratio. In de E3-ratio wordt de score voor Effectiviteit verdubbeld, omdat we die score het belangrijkste vinden als maatstaf voor het functioneren.

$$E3 = \frac{2 \times \text{Effectiviteit} + \text{Efficiëntie}}{\text{Energie}}$$

Van ruim 300 deelnemers aan timemanagementcursussen hebben we de uitkomsten verzameld en op basis daarvan kun je je score als volgt interpreteren:

> 3.0	zeer hoge score
2.8 - 3.0	hoge score
2.5 - 2.8	normale score
2.2 - 2.5	lage score
< 2.2	zeer lage score

Een interessante conclusie uit de scores die we verzameld hebben, volgt uit de samenhang (correlaties) tussen de drie elementen. Het blijkt dat Effectiviteit in sterke mate samenhangt met Efficiëntie: een hoge score op Effectiviteit zal ook een hoge score op Efficiëntie te zien geven (correlatie = .63). Maar Effectiviteit houdt nauwelijks verband met de score op Energie (correlatie = .22)! Dus een hoge score op Energie staat beslist niet garant voor een hoge score op Effectiviteit.

In een seminar met een groep trainees van een multinational, kwam dit ook naar voren. Bijna alle deelnemers hadden hoge scores op Energie en verdacht lage scores op Effectiviteit. Ze herkenden die lage scores wel in hun werk. Ook hun managers, aan wie ze gevraagd hadden de lijst in te vullen, bevestigden deze score. Hun verklaring: 'Ik ben pas begonnen en het is ook mijn eerste echte baan. Ik weet echt niet wat er nou precies van me verwacht wordt, dus ik pak gewoon alles aan en zorg dat ik er enorm veel energie in steek!'

Hoge scores voor Effectiviteit gaan veelal samen met hoge scores op Efficiëntie. Maar Effectiviteit en Energie houden nauwelijks verband met elkaar! Dat betekent dat je een lage score voor Effectiviteit niet compenseert door meer energie in je werk te steken! De verbinding tussen Efficiëntie en Energie is iets sterker, maar beslist niet echt hoog.

Voor timemanagement betekent dit: werk slimmer, niet harder!

8 TUSSEN KLASSIEK EN MODERN TIMEMANAGEMENT

De eerste twee lijnen van ons model, de Werk-Tijdlijn en de Persoon-Werk-lijn horen bij de traditionele opvatting over timemanagement. Het zijn de logisch-rationele elementen: denk na over de essentie van je functie en regel de uitvoering op een handige manier. Wees effectief in je keuzes en zorg dat je je werk efficiënt uitvoert!

Jarenlang is timemanagement gebaseerd geweest op deze twee kernelementen: effectiviteit en efficiëntie. Dit traditionele, klassieke timemanagement is ontstaan tijdens de industriële revolutie, toen men met behulp van tijd- en bewegingsstudies probeerde de arbeidskracht van de mens zo efficiënt mogelijk te benutten. Dit was het begin van een beheersmatige, onpersoonlijke omgang met de tijd. Voor die tijd hanteerden de mensen een meer natuurlijke beleving van tijd. De lengte van de werkdagen bijvoorbeeld varieerde al naar gelang het seizoen.
Veel van de huidige timemanagementprincipes zijn in feite verfijnde uitwerkingen van dit klassieke, beheersmatige denken over tijd. Een pluspunt van deze benadering is dat een juiste hantering van de principes een tijdwinst van één tot vier uur per dag kan opleveren, afhankelijk van de manier waarop je het nu georganiseerd hebt. Een minpunt is het onpersoonlijke karakter van deze benadering, omdat zij te weinig rekening houdt met individuele voorkeuren. Bovendien wordt tijd enkel opgevat als werktijd.

Maar timemanagement is meer dan een rationeel organisatieproces! Het is vooral kiezen en beïnvloeden, en kiezen gebeurt lang niet altijd rationeel. Kiezen is ook een emotioneel, persoonlijk proces. We moeten dus iets aan ons model toevoegen: de verbinding tussen Persoon en Tijd. Die verbinding noemen we het moderne timemanagement.

Het moderne, creatieve timemanagement gaat uit van de gedachte dat de antwoorden uit het industriële tijdperk ontoereikend zijn om de tijdvraagstukken uit het informatietijdperk op te lossen. De overzichtelijke wereld van weleer, waarin het leven binnen handzame categorieën paste, bestaat niet meer. Rollen en structuren veranderen. Man en vrouw hebben steeds vaker beide een baan en een gedeelde verantwoordelijkheid voor het huishouden.

Het gaat niet meer om het krijgen van informatie, maar om het kiezen uit die overvloed aan informatie. Organisaties worden platter, de vanzelfsprekendheid en de overzichtelijkheid van de hiërarchie zijn nagenoeg verdwenen. Mensen worden aangespoord, individueel en als groep, om zelf verantwoordelijkheid te nemen en duidelijke keuzes te maken. Er is geen baas meer die alle keuzes voor je maakt, je moet zelf kiezen!

De traditionele timemanagementtechnieken zijn afgestemd op snelheid, beheersing en doeltreffendheid. Hoe vaardig en efficiënt we ook worden, het is nooit voldoende om de tijd daadwerkelijk bij te houden. We krijgen dagelijks veel meer informatie tot ons dan we kunnen verwerken. Dit betekent dat we keuzes moeten maken. Keuzes die passen bij ons individuele levensritme en de persoon die wij willen zijn. Want in de moderne benadering van timemanagement bestaat geen tijdplan dat voor iedereen van toepassing is.

Het voordeel van deze benadering is het uitgangspunt dat tijd meer omvat dan louter arbeidstijd en dat we keuzes moeten maken over hoe we ons leven willen inrichten. Een nadeel is dat de moderne benadering diepgaande, lastige vragen stelt die we niet met behulp van een 'tip' of een simpele techniek kunnen beantwoorden.

We kennen allemaal wel een voorbeeld van een workaholic die tegen beter weten in doorgaat en doorgaat, totdat een persoonlijke (meestal fysieke) crisis intreedt en hij (als dat nog kan) eindelijk eens gaat nadenken over de zin van het leven. De conclusie is meestal dat ergens in de loop der jaren de balans tussen werk en privéleven uit het oog is verloren, en dat het werk om de een of andere reden volledig de overhand heeft gekregen. Klassieke beheersingstechnieken werken in zo'n situatie niet meer, omdat de tijd die daarmee wordt gewonnen onmiddellijk wordt opgevuld met andere activiteiten die nodig moeten gebeuren.

Wat nodig is, is een verandering van perspectief. De moderne benadering van timemanagement biedt deze mogelijkheid door als uitgangspunt de vraag te stellen wie je wilt zijn in relatie tot tijd. Het is een vraag naar de gewenste identiteit en een aansporing om bewust keuzes te maken die in overeenstemming zijn met wie je bent en wat je werkelijk wilt.

De twee benaderingen van timemanagement, klassiek en modern, hoeven elkaar niet uit te sluiten. Sterker nog: een integratie van beide benaderingen biedt de beste mogelijkheden voor het managen van tijd. De klassieke benadering leidt tot beheer en beheersing van tijd, de moderne benadering gaat over beleving van tijd en leidt tot het maken van keuzes die voortkomen uit dat wat wezenlijk voor je is, je identiteit.

Als ik dit in een cursus met deelnemers bespreek, hoor ik soms de opmerking dat modern timemanagement eigenlijk iets is voor de *happy few*, voor de mensen die de mogelijkheden hebben om te kiezen en hun leven zelf in te richten. Hoewel ik me voor kan stellen dat iemand zoiets zegt, ben ik het daar niet mee eens. Voor mij is een belangrijk doel van timemanagement-seminars juist dat mensen weer het gevoel ontwikkelen dat ze hun werk en leven zélf kunnen inrichten. Dat is vanuit de ene positie gemakkelijker dan vanuit de andere, maar ieder mens kán het tot op zekere hoogte. Leven of geleefd worden, dat is de essentie en die geldt voor iedereen, ongeacht je functie of positie.

Modern timemanagement vraagt dus wie je wilt zijn en wat belangrijk voor je is. Dat zijn natuurlijk niet de simpelste vragen! Zeker niet als je gedacht had dat je aan de hand van een paar simpele tips je tijdprobleem wel even op zou kunnen lossen. Hiermee hebben we direct het mogelijke nadeel van modern timemanagement te pakken: het gaat om fundamentele vragen en om fundamentele, bewuste keuzes. Dat kost tijd, dat kost moeite, dat vraagt om 'reflectie'. Stilstaan, nadenken en bewust worden.

En dat is precies waar een 'gehaast' mens heel veel moeite mee heeft. Het is alsof je tegen een alcoholist zegt: 'Begin nou eens met stoppen met drinken.' Een idee waarvan de alcoholist zó panisch wordt, dat hij eerst een borrel nodig heeft voor hij weer verder kan denken ... Maar de moderne vorm van timemanagement is zeker de moeite waard. Ik zal de rest van dit boek benutten om je op die weg verder te helpen.

Naast wat je wilt hebben, bijvoorbeeld meer tijd of om te beginnen een paar tips en trucs, gaat het er dus om wat je doet, om je gedragsstijl en om wie je bent of wilt zijn. Het probleem is vaak dat mensen deze drie elementen, zijn/doen/ hebben, in de verkeerde volgorde plaatsen en beleven. Als jongen van zestien wilde ik van al het mogelijke in de wereld graag twee dingen: een brommer en een vriendinnetje! Dat vriendinnetje moest Annerieke worden. Maar de verovering verliep helaas wat moeizaam en een klein, bijkomend probleem was dat heel veel jongens een oogje op haar hadden. Een aantal van deze jongens had een brommer, waar zij wel eens achterop zat. Ik moest dus eerst die brommer hebben, want hoe kun je een bink zijn als je geen brommer hebt om je meisje op te halen voor een feestje?

Herken je bovenstaande situatie? Hoe vaak is het niet zo dat we eerst iets moeten hebben voor we iets anders kunnen zijn. 'Als ik dit maar eenmaal heb', is de gedachtegang, 'dan volgt het andere min of meer vanzelf.' Binnen organisaties komen we deze gedachtegang ook tegen: 'Ik wil een managementfunctie hebben, want dan kan ik mijn ideeën over management uitvoeren, waardoor ik een goede leidinggevende zal zijn.' Eerst iets hebben, om daarna iets anders te zijn.

'Zijn', 'doen' en 'hebben' worden in de twee benaderingen van timemanagement precies andersom ingevuld. In het moderne timemanagement betekent 'zijn': bewustzijn en identiteit, het is de kern van je wezen. 'Doen' is het handelen en ondernemen van activiteiten. 'Hebben' ten slotte, gaat over de resultaten en uitkomsten die uit het doen voortkomen. In de klassieke benadering van timemanagement ligt het accent sterk op het oplossen van onmiddellijke problemen. Er wordt begonnen met wat mensen hebben: tijdnood, deadlines, spanningen en stress. Daarna wordt ingegaan op de dingen die je moet doen om dat op te lossen: de handelingen en de activiteiten. Het zijnsniveau, de wijze waarop je als mens de tijd waarneemt en ervaart, komt niet of nauwelijks ter sprake. Maar wanneer we het zijnsniveau buiten beschouwing laten, kan er nauwelijks sprake zijn van een fundamentele en duurzame verandering en val je na verloop van tijd terug in je oude gewoonten.

Timemanagement dat gebaseerd is op het hebben van een pda (personal digital assistant) of bijvoorbeeld een mobiele telefoon is een goed voorbeeld. De redenering is dan: 'Als ik die pda heb, dán ga ik beter plannen en dán ben ik een betere timemanager.' Maar de digitale assistent of een apparaatje maakt geen keuzes en voor wie niet kan kiezen en beïnvloeden, werkt zo'n hulpmiddel totaal niet. Erger nog: door de hele dag bezig te zijn met alle nieuwe berichten en geplande taken, wordt de obsessie met de agenda en 'alles wat ik nog moet doen' alleen maar sterker. Overzicht kan helpen, maar overzicht zonder keuzes creëert overload.
In de moderne benadering van timemanagement wordt de volgorde omgedraaid: 'Ik wil meer ontspannen zijn. Wat ik daarvoor moet doen is keuzes maken, nee-zeggen en plannen. En wat ik daarna zal hebben, is meer tijd.' Daarbij komt eerst de vraag aan de orde hoe je tijd ervaart en hoe je wenst te zijn met betrekking tot tijd. Wanneer dit beeld helder ingevuld is, zul je van daaruit bepaalde activiteiten gaan ondernemen, en na verloop van tijd de resultaten bereiken die je hebben wilt.

Het klassieke timemanagement legt de nadruk op het oplossen van onmiddellijke problemen en het gebruikt daarvoor de Persoon-Werk- en de Werk-Tijdlijnen uit ons model. In de moderne benadering ligt de nadruk op het inrichten van je leven in overeenstemming met je interesses, behoeften en waarden. Het is een benadering die afziet van instant oplossingen en het vizier richt op de lange termijn. Het gaat hier om de Persoon-Tijdlijn.

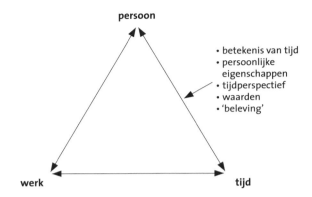

persoon

• betekenis van tijd
• persoonlijke
  eigenschappen
• tijdperspectief
• waarden
• 'beleving'

werk   tijd

Afbeelding 13

Van de Persoon-Tijdlijn bespreek ik een aantal inzichten en technieken die ik toepas in de integrale benadering van timemanagement:

– persoonlijke gedragsstijlen en timemanagement
– waarden bij het maken van keuzes
– de betekenis van tijd en je persoonlijk tijdperspectief.

9 PERSOONLIJKE STIJL EN TIMEMANAGEMENT

Kenmerkend voor het moderne timemanagement zijn de woorden 'kiezen' en 'beïnvloeden'. Twee zaken die – zoals ik al eerder gezegd heb – niet alleen een rationele kant hebben, maar heel duidelijk ook met persoonlijke kwaliteiten en eigenschappen te maken hebben. Voor een volledig beeld van ons timemanagement, de oorzaken, de problemen en de geschikte oplossingen, moet je ook je persoon in het 'spel' betrekken.

Naar mijn mening is die invloed van persoonlijke eigenschappen groter dan menigeen denkt. Dan komt de vraag naar voren: is timemanagement wel te leren? Of moeten we er gewoon van uitgaan dat het aangeboren is: je kunt het of je kunt het niet?

OPDRACHTEN

Hoe kijk je daar zelf tegenaan? Beantwoord de volgende vragen eens:
- Denk je dat goed timemanagement volledig aangeboren is of dat het te leren is?
- Denk je dat goed timemanagement afhangt van factoren in de specifieke werksituatie of dat het onafhankelijk is van welke werksituatie dan ook?

We zetten deze twee dilemma's nog een keer tegen elkaar af en creëren een derde matrix. Vul je mening op deze matrix eerst in voor je verder leest. In de praktijk blijkt dat mensen de matrix heel verschillend invullen. Aan de ene kant hebben we de *optimisten*: zij zien goed timemanagement als iets dat te leren is en niet afhangt van de werksituatie. Zij gunnen zichzelf daarmee veel invloed en veel mogelijkheden en geloven heilig in alle principes van timemanagement.

De *pessimisten* vinden we in het vlak er diagonaal tegenover: zij denken dat goed timemanagement aangeboren is en ook nog volledig afhankelijk is van de kenmerken van de werksituatie. Zij hebben in hun ogen weinig of geen mogelijkheid tot leren of beïnvloeden. Hun interesse in timemanagement berust alleen maar op de behoefte om zichzelf op dat gebied eens te toetsen, maar ze geloven niet dat ze er werkelijk iets aan kunnen veranderen.

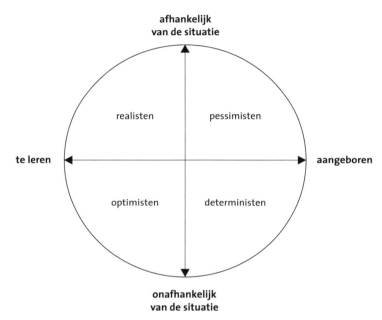

Afbeelding 14

Een tussengroep wordt gevormd door de mensen die vinden dat goed time-management niet afhankelijk is van de werksituatie, maar wel volledig bepaald wordt door aangeboren eigenschappen. We noemen hen de *deterministen*: hun gedrag wordt bepaald door aangeboren eigenschappen.

En dan hebben we de vierde groep: de *realisten*. Hoewel ze erkennen dat persoonlijke kwaliteiten een rol spelen, gaan ze ervan uit dat goed time-management wel te leren valt. En ze gaan ervan uit dat de kenmerken van de situatie ook een rol spelen.

Ik sluit me aan bij deze laatste groep. De kenmerken van het werk spelen een rol, zoals ik ook in hoofdstuk 3 heb laten zien. Daarnaast geloof ik natuurlijk dat er iets over timemanagement te leren valt, anders was ik niet zo druk met het onderwerp in de weer.

Maar ondanks dit optimisme stel ik dat de mate waarin iemand werkelijk effectief en efficiënt werkt voor een groot deel bepaald wordt door persoonlijke eigenschappen en capaciteiten. En die zijn moeilijk te veranderen. Maar het helpt wel om inzicht te krijgen in de manier waarop je denkt én doet en te laten zien wat de gevolgen daarvan zijn voor het managen van je tijd.

Ik behandel hieronder twee modellen of zienswijzen op persoonlijke eigenschappen die een direct verband leggen tussen én mogelijke oplossingen geven voor timemanagementvraagstukken:

– de drie basiscomponenten van Horney: gedragsstijlen
– Oordelaars versus Waarnemers: denkstijlen.

De invloed van je gedragsstijl: de drie basiscomponenten van Horney

Karen Horney maakt een basisonderscheid tussen mensen met een:

– *away*-stijl (van anderen af, teruggetrokken)
– *against*-stijl (tegen anderen gericht)
– *towards*-stijl (op anderen gericht).

Deze drie stijlen komen vooral naar voren in situaties waarin enig conflict besloten ligt (in de zin van tegengestelde belangen). En wat is timemanagement? Precies, als je niet oppast een voortdurend slagveld van conflicterende belangen.

Uit elk van de drie basisstijlen geef ik voorbeelden van bijbehorende gedragsstijlen en de manier waarop die gedragsstijl in het hanteren van tijd tot uiting komt. Je leest dit natuurlijk met een schuin oog op jezelf: wat herken je en wat betekent het voor jou?

1 GEDRAGSSTIJLEN MET *AWAY*-KENMERKEN

'Ik weet dat ik te gauw 'ja' zeg en te laat mijn eigen mening naar voren breng. Maar meestal gebeurt me dat gewoon, ik heb dat niet zo in de gaten. Achteraf denk ik wel vaak iets van: had ik niet meer van me af moeten bijten of 'nee' moeten zeggen? Maar op het moment zelf ben ik altijd gewoon die aardige vent.'

De *away*-stijl is een conflictvermijdende stijl. Wanneer belangen tegengesteld raken (of als tegengesteld worden waargenomen), zullen mensen met deze stijl het conflict uit de weg gaan door toe te geven of te ontwijken. Het behoud van de goede relatie met de ander staat voorop en – in extreme zin – zal alles vermeden worden wat die relatie op het spel kan zetten. Aardig gevonden worden is een belangrijk thema.

Mensen met deze gedragsstijl vinden de relatie met de ander van groot belang en hebben het gevoel dat ze zelf maar zeer beperkt iets te vertellen hebben in deze wereld. Zij vinden dat ze vooral goed naar de ander moeten kijken (wat vindt die en wat doet die?) voor ze hun eigen mening en gevoel naar voren brengen. *Away*-mensen denken dat ze zelf maar heel weinig kunnen (en mogen) sturen in dit leven. Ze hebben vaak een zeer goede antenne voor wat er bij de ander omgaat, juist omdat ze zo gevoelig zijn voor wat de ander van ze vindt. Dit uit zich in:

- uit zijn op goedkeuring van anderen, erg gevoelig zijn voor wat de ander vindt van je denkbeelden en gedrag
- aanpassen aan algemene regels en normen, doen zoals het hoort en liever niet afwijken van wat algemeen bruikbaar en geldend is
- afhankelijk gedrag, vermijden van initiatieven, wachten tot een ander iets zegt te doen, of altijd eerst checken bij een ander of het wel goed is wat jij wilt doen
- conflictvermijdend gedrag, niet uiten van emoties en problemen, conflicten voor jezelf houden, vooral niet direct laten merken wat je van iets vindt.

Het Tijd-gedrag bij deze gedragsstijl komt tot uiting in:
- moeite hebben om 'nee' te zeggen, want dan is de kans groot dat

mensen je niet meer aardig vinden

- weinig initiatief tonen bij het stellen van doelen en als er al doelen
gesteld worden, zijn ze vaag geformuleerd
- het behoud van de relatie belangrijker vinden dan het bereiken van
taakgerichte resultaten. daardoor gaat veel tijd verloren met het
instandhouden van de relatie. Meestal zijn mensen met deze gedragsstijl (te) weinig resultaatgericht of effectief in hun werk.

Omdat de primaire stijl conflictvermijdend is, zijn mensen met deze
gedragsstijl meestal wel gewaardeerde ('aardige') medewerkers. Soms
ook wat lastig, omdat ze gemakkelijk 'ja' zeggen en dingen toezeggen die
ze vervolgens niet of niet op tijd doen. Het is niet moeilijk te raden wat
het belangrijkste timemanagementprobleem van deze stijl is: veel te weinig 'nee' zeggen en daardoor overvol raken. Dat is overigens een karakter-
trek die beslist niet zo eenvoudig te veranderen is. In ieder geval niet met
een simpele 'tip' als 'zeg eens wat vaker nee'.
Assertiviteitstraining, leren voor jezelf op te komen, de gevoeligheid voor
wat anderen vinden omruilen voor een duidelijker gevoel van wat je er
zélf van vindt, het zijn allemaal dingen die je niet verandert door een paar
goede voornemens. Een goede training kan zeker helpen. In essentie moeten mensen met deze stijl het 'conflict' met zichzelf aangaan en leren kiezen voor zichzelf. Met alle verantwoordelijkheid van dien.

Een goed hulpmiddel is de RET-methode, waarmee je leert om vanuit
andere gedachten over jezelf en je situatie, ook andere gevoelens te
beleven en ander gedrag te leren. De RET, voluit de Rationele Effectivi-
teits Training, gaat uit van de stelling dat de gedachte die je over een
bepaalde gebeurtenis hebt, de emotie veroorzaakt. Bijvoorbeeld: je
hebt het druk en er komt steeds meer werk op je af. Je denkt: dit moet
goed gaan, een fout is absoluut dodelijk, dus ik moet het allemaal goed
onder controle houden en het allemaal zélf uitvoeren. Die dwingende
gedachte aan perfectie zorgt voor angstige gevoelens; hoe meer je
denkt dat perfectie in die drukke situatie noodzakelijk is, hoe benauw-
der je het zult krijgen, want je kunt natuurlijk niet alles zelf doen. Zeker

niet wanneer het toch al erg druk is. Die gedachte veroorzaakt het benauwde gevoel en dat zet je er waarschijnlijk toe aan om nog veel harder te gaan werken.

Een ander voorbeeld. Wanneer je denkt: ik moet aardig zijn voor iedereen die iets aan mij vraagt, zul je je heel onplezierig gaan voelen bij de gedachte dat je 'nee' zou moeten zeggen. Sterker nog, met deze gedachte van 'aardig moeten zijn' in je achterhoofd zul je waarschijnlijk helemaal geen 'nee' durven of willen zeggen, want dan krijg je direct het gevoel dat men je niet aardig of oncollegiaal vindt.

De RET helpt je juist om al die gedachten als 'wat zou de ander ervan vinden' of 'ze moeten me allemaal aardig vinden' te vervangen door 'wat vind ik er eigenlijk zélf van' en 'het is leuk en belangrijk voor me als mensen me aardig vinden, maar niet iedereen hoeft mij aardig te vinden'.

Door andere en vooral minder dwangmatige gedachten te ontwikkelen in bepaalde situaties, sta je jezelf ook andere emoties en ander gedrag toe. Het maakt veel uit of ik aan het werk ben vanuit de gedachte 'ik moet alles meteen doen' of vanuit de gedachte 'ik doe mijn best om het zo snel mogelijk te doen, maar het is echt geen ramp als iets niet afkomt'.

2 GEDRAGSSTIJLEN MET *AGAINST*-KENMERKEN

'Hij was een ramp om voor te werken. Alles wat hij je vroeg te doen, werd van onder tot boven gecontroleerd. Brieven kreeg je terug met rode potloodstreepjes, elk voorstel van medewerkers werd anders geformuleerd, elke inbreng in een vergadering werd veranderd. Ik geloof dat hij écht dacht dat een goede manager alles beter moest weten en kunnen dan zijn medewerkers. Niemand nam meer initiatief, iedereen wachtte gewoon af waar hij mee zou komen. Als hij ziek was, werd zelfs de post per koerier naar zijn huis gebracht! Hij stond niet toe dat die opengemaakt werd door een van ons. En we zijn toch allemaal mensen met een goede staat van dienst, met een academische opleiding en jarenlange ervaring. Ja, hij werkte zich wel te pletter, ik vond het ook niet gek dat hij het aan zijn hart kreeg, maar veranderen deed hij echt niet.'

Waar iemand met de *away*-stijl ervoor kiest om het conflict te vermijden, zal de persoon met de *against*-stijl het conflict opzoeken of veroorzaken. De primaire houding is erg op de taak gericht, het resultaat telt want 'daarmee bewijs je je'. Het bestaan dient bevochten te worden, je bent pas wat waard als je presteert, dat is de achterliggende houding.

Perfectie, (daad)kracht, macht, controle en slimmer zijn dan de ander zijn de sleutelwoorden. Angst voor verlies van controle (over jezelf en het werk) is een belangrijke drijfveer. Deze gedragsstijl uit zich in:

- oppositie, verzet tegen ideeën van anderen en gericht zijn op fouten van anderen
- macht en controle, anderen willen beheersen en controleren
- competitie, constant vergelijken van eigen prestaties met die van anderen
- perfectionisme, overdreven eisen aan prestaties stellen.

Het Tijd-gedrag toont zich vooral in:

- slecht kunnen delegeren: mensen met deze stijl kunnen niet loslaten, ze hebben weinig vertrouwen in prestaties van anderen en dat bemoeilijkt het delegeren
- willen winnen om het winnen en daarbij veelal niet-realistische doelen stellen; dit kost veel energie en vooral door het competitieve bestaat het gevaar het zicht op de eigen, persoonlijke doelen te verliezen
- veel tijd en energie steken in het beheersen van anderen
- moeite hebben met tonen en 'ervaren' van emoties.

De *against*-stijl lijkt in eerste instantie erg effectief, het zijn altijd hardwerkende mensen, maar omdat het een verkrampte stijl is, is het in wezen een bedreiging voor zowel effectiviteit als efficiëntie. Bovendien kost het erg veel energie.

Ook hier is het veranderen van de basisstijl geen eenvoudige opgave. Onder het krachtige, taakgerichte gedrag ligt vaak een basisonzekerheid over zichzelf ten grondslag die steeds weggeduwd moet worden door de taakgerichte prestatie en het vertoon van kracht. Ook het vertrouwen in anderen is gering, en dat maakt samenwerken en delegeren tot een moeilijke opgave. Het 'omwerken' van deze stijl vraagt om zelf-waardering en zelferkenning op grond van wie je bent en niet op grond van wie je denkt dat je moet zijn. Leren om samen te werken, fouten en zwakheden van jezelf en anderen toe te staan, plezier in 'spelen' ontdek-ken, dat zijn de essentiële leerpunten voor mensen met deze gedrags-stijl.

3 GEDRAGSSTIJLEN MET *TOWARDS*-KENMERKEN

De meest positieve van de drie basisstijlen: mensen met deze gedragsstijl kenmerken zich door vertrouwen in zichzelf en in de ander. Dat geldt zowel voor de taakkant (het werk en de resultaten) als voor de relatiekant (de verhouding met anderen). Leren en presteren worden als een gezonde uitdaging gezien. Fouten en mislukkingen bijvoorbeeld zijn weliswaar vervelend maar bieden een mogelijkheid om te leren.

Deze mensen stellen voor zichzelf uitdagende doelen die bij hun niveau en capaciteiten passen, hoewel ze altijd zullen proberen uit te vinden waar voor hen de 'hoogste lat' ligt. Grote projecten weten ze goed in stuk-ken op te knippen en zonder veel omhaal beginnen ze er gewoon aan en werken rustig en doelgericht door. In de relatie met anderen zijn ze posi-tief en ze werken gemakkelijk samen als dat nodig is, maar ze kunnen ook goed alleen werken. Omdat ze vertrouwen hebben in de capaciteiten van de ander, kunnen ze goed support geven.

Deze gedragsstijl uit zich in:
- resultaatgericht gedrag, gericht op output en het stellen van doelen
- zelfontplooiing, sterk gericht op eigen groei en ontwikkeling
- coaching, gericht op het verder helpen van anderen
- samenwerken, vanuit vertrouwen in anderen sterk gericht op samen-werking.

In hun Tijd-gedrag:
- zijn deze mensen realistisch en tegelijk ambitieus in het stellen van doelen

- zoeken ze uitdaging en high performance-situaties en leren ze van fouten
- zien ze tijd als mogelijkheid tot ontwikkeling
- nemen ze veel tijd voor anderen en zijn ze effectief in samenwerking.

Deze driedeling moet je niet té exact nemen: je herkent jezelf waarschijnlijk het meest in een van de drie stijlen en in iets mindere mate in een van de twee andere stijlen. Je kunt deze stijlen gebruiken om 'inzicht' in je tijdgedrag te krijgen. Veel gedrag wortelt in persoonlijke kenmerken en inzicht in die kenmerken helpt bij het verwerven van inzicht in de eigen motieven achter je tijdgedrag. Zo kan bijvoorbeeld duidelijk worden waarom je zo zelden delegeert of waarom je het zo moeilijk vindt 'nee' te zeggen. Niet dat inzicht alleen voldoende is voor verandering. Maar zonder dat inzicht in de achtergronden van je gedrag verandert er zeker niets.

De invloed van je denkstijl: Oordelaars en Waarnemers

Jung ontwikkelde aan het begin van de vorige eeuw een persoonlijkheidstypering die later door Myers & Briggs verder uitgewerkt is. Deze indeling is uitermate geschikt om de relatie tussen persoonlijkheid en timemanagement te verklaren.

De kern van zijn model wordt gevormd door een aantal basisfuncties die ieder mens dagelijks benut: *informatie hanteren* en *beslissen* op basis van die informatie. Om te overleven moet je steeds informatie oppikken en op basis daarvan een beslissing nemen. Of het nu gaat om een rood stoplicht of een voorstel van je collega, het draait om informatie en beslissen.
Naast deze functies is er één functie van groot belang bij het verkrijgen van inzicht in onze persoonlijkheid: onze *oriëntatie* op de buitenwereld. In onze oriëntatie op de buitenwereld tonen we een voorkeur voor een van de twee mogelijke stijlen: oordelend of waarnemend. Een voorkeur voor oordelen wordt *judgement* genoemd en betekent een voorkeur voor structureren, organiseren en besluiten nemen. De andere voorkeur is *perception* of waarnemen, het onbevangen en nieuwsgierig verzamelen van

informatie en ervaringen. Ieder mens heeft een voorkeur voor een deze twee stijlen.

trefwoorden oordelen/judgement		trefwoorden waarnemen/perception	
structuur	besluitvaardig	flexibel	proces
schematisch	gefixeerd	spontaan	tentatief
geordend	deadlines	ontvankelijk	easy going
plannen	definitief	aanpassen	alternatieven
opinie	convergeren	wait and see	spel
	controleren	open eind	divergeren

Oordelaars nemen de wereld waar en vinden er meteen iets van. Over alles wat ze zien en horen, hebben ze direct een mening. Waarnemers bekijken de dingen een aantal maal van verschillende kanten. Het kan lang duren voordat ze tot een mening of oordeel komen, maar dat vinden ze ook niet het belangrijkste.

Deze oriëntatie op de buitenwereld is heel bepalend voor timemanagement. Oordelaars zijn de georganiseerde mensen van deze wereld. Als je alleen al naar hun bureau kijkt, weet je genoeg. Orde, regelmaat en efficiency! Goede organisatoren, vooral van hun eigen werk. Het zijn de mensen waarvoor het klassieke timemanagement is uitgevonden: plan, beheer en beheers!
Een van hun krachten is dat ze ook vaak goed kunnen kiezen en logisch prioriteiten stellen. Ze houden zich aan die prioriteiten en worden niet afgeleid door alles wat onderweg langskomt. Voor hen is tijd meetbaar en dus op te delen in stukken. Ze bereiden hun werk goed voor en in vergaderingen zullen ze vaak de vraag stellen: 'En wat gaan we nou doen, wat is de beslissing?' Ze komen op tijd, willen op tijd eindigen en werken bij voorkeur aan één ding tegelijk. En vanzelfsprekend maken ze dat ene ding ook af.

Vanuit hun ordening en prioriteiten kunnen ze goed 'nee' zeggen, want ze hebben goed zicht op hun tijdschema. Hun spullen zijn goed onderge-bracht in een filing-systeem en je moet er niet van opkijken als ze voor zichzelf een filing-systeem gemaakt hebben dat volgens hen 'logischer en handiger is' dan alle andere systemen. Het gevoel dat hen het meest tevreden stemt, is iets afmaken en opruimen.

De waarnemers komen er minder goed af wanneer het om regelen of organiseren gaat. Voor ze iets beslissen, besteden ze veel tijd aan het bedenken van alternatieven. Dat zoeken en bedenken vinden ze leuk en ze zijn daar meestal ook goed in. Ze passen zich gemakkelijk aan wanneer de omstandigheden veranderen. Sterker nog, ze stellen het nemen van een beslissing vaak uit, omdat ze ervan uitgaan dat er op het laatste moment misschien toch nog wel iets kan veranderen aan de zaak!

Het klassieke timemanagement werkt maar zeer beperkt voor mensen met deze denk- en gedragsstijl. Ze kunnen wel plannen, maar houden zich er toch niet aan omdat ze veel te vatbaar zijn voor afleidingen, voor alles wat voorbijkomt. Improviseren vinden ze leuk en spannend. In hun werk zijn ze bij voorkeur met meer dingen tegelijk bezig en ze vinden het ook helemaal geen punt als die dingen niet gelijk afgemaakt worden. Er even mee bezig zijn en het dan weer wegleggen tot een later moment is typisch iets voor een waarnemer. Prioriteiten stellen is eigenlijk niet zo nodig, want je kunt toch met meer dingen tegelijk bezig zijn! Het inschat-ten van tijd gebeurt gaande het project. Als waarnemers tijd moeten inschatten, doen ze dat zeer onrealistisch.

In plaats van *filing* doen ze aan *piling* (stapels), de stapels liggen op hun bureau en zo mogelijk ook daaronder. Toch zijn ze nooit iets kwijt (vooral omdat ze niet gauw iets weggooien) en ze weten ongeveer in welke sta-pel het moet liggen, want daar zijn ze het vorige week nog tegengekomen toen ze op zoek waren naar iets anders ... Maar het werkt wel voor ze! Een vast systeem van filing is een ramp voor de waarnemer; dat doen ze één keer omdat het nieuw is en geld gekost heeft, maar daarna keren de sta-pels weer snel terug. Die vindt je dan bovenop die ladenkast met dat filingsysteem ...

Een van de typische kenmerken van waarnemers komt naar voren wanneer ze een nieuw apparaat uitpakken en in elkaar moeten zetten. Het eerste wat ze wegleggen is de instructie om vervolgens door 'proberen' zelf uit te vinden hoe het in elkaar steekt. Als dat echt niet lukt, zullen ze misschien de handleiding erbij pakken. En het leukste wat je ze kunt vragen is: helpen bij het opstarten van een nieuw project!

Je zult je ongetwijfeld in een van de twee 'stijlen' herkennen. Ben je een oordelaar, dan heb je waarschijnlijk niet echt veel timemanagementproblemen, tenzij overload de oorzaak is. Maar wat moet je beginnen wanneer je overduidelijk een waarnemer bent? Is er dan eigenlijk nog wel hoop voor je? Ja, omdat je beschikt over een denkstijl die creatief is, flexibel en vooral levendig. Maar timemanagement zal voor jou niet werken als je denkt dat je met de klassieke tips uit de voeten zult kunnen. Want daarmee doe je jezelf tekort. Je verandert namelijk niet van denkstijl. Leer dat je bent zoals je bent en dat systemen zich aan jou moeten aanpassen en jij je maar zeer beperkt aan vaste systemen kunt houden. Zoek werk en een werkplek waarin je stijl tot zijn recht komt. Vermijd functies waarin stiptheid, regelmaat en snel beslissen van groot belang zijn. Je behoort tot het deel van de natie dat er is om dingen te bedenken, alternatieven te ontwikkelen en dat tijd nodig heeft om dingen uit te broeden. De volgende suggesties helpen je wellicht je tijd beter te managen:

- Realiseer je dat je tijd meestal onderschat. Zeg dus niets toe, of houd open wanneer iets af is.
- Maak per dag iets af. Bedenk dat dat weer ruimte geeft om iets anders te beginnen.
- Plan (in beperkte mate) op basis van wat 'zou kunnen' en wat 'echt af moet'.
- Houd vooral veel ruimte voor het spontane en ongeplande, want dat geeft je energie.
- Accepteer je eigen *file*- of *pile*-systeem en accepteer dat je dat een keer per half jaar opruimt.
- Visualiseer je planning en projecten, maak er afbeeldingen van die in je gezichtsveld blijven (als je ze niet vastlegt, ben je ze zo weer vergeten).

– Ook al heb je elke week een nieuw 'systeem' van plannen, het maakt niet uit! Je kracht is bedenken, alternatieven ontwikkelen, dus bedenk desnoods elke week een andere manier om een beetje georganiseerd te zijn als dat je plezier verschaft.

In dit hoofdstuk hebben we je persoonlijke gedragsstijl en je persoonlijke denkstijl betrokken in het timemanagementspel. De conclusie uit beide onderdelen is, dat je allereerst uit moet gaan van wie je bent. Het gaat om herkennen én erkennen: 'Ja, zo ben ik en ja, zo mag ik ook zijn.' Daarna heeft het pas zin om die timemanagementtips en -technieken te gebruiken die passen bij je stijl. Want één ding is nu wel duidelijk: je persoonlijke stijl is sterker dan welke agenda of welke 'tip' dan ook. Dat is de toevoeging van het moderne timemanagement: ken jezelf en weet wat je wilt. Voor dat laatste onderwerp betrekken we je waarden in het spel. Hebben we in dit afgelopen hoofdstuk aan je gevraagd wat je gedragsstijl is en wat je denkstijl, in het komende hoofdstuk zullen we dieper ingaan op dat wat belangrijk voor je is: je waarden.

OPDRACHTEN:
– In welke van de drie gedragsstijlen herken je je het meest?
– Hoe typeren anderen je gedragsstijl?
– Herken je ook de tijdproblemen die daardoor ontstaan?
– Welke denkstijl past bij jou?
– Wat betekent dat voor de timemanagementoplossingen die bij je passen?

10 WAT VIND IK EIGENLIJK BELANGRIJK IN MIJN WERK EN LEVEN?

Nu we duidelijk uitgesproken hebben dat timemanagement meer is dan alleen het plannen en organiseren van je werk, kunnen we door naar onze belangrijkste conclusie: timemanagement gaat over je werk én over je persoon. Dus over je leven. Als we het verder over tijd hebben, hebben we het over de tijd van je leven.

In hoofdstuk 4 heb je al nagedacht over je werk- en privédoelen – de opdracht op blz. 38. Het wordt tijd om die opdracht uit te breiden met een opdracht die gericht is op het in kaart brengen van je waarden: de dingen die belangrijk voor je zijn in je leven en werk.

Waarden zijn de dingen die belangrijk voor je zijn, betekenis voor je hebben en tegelijk je leven ook betekenis géven. Ze verschillen van doelen doordat ze (vaak) niet te kwantificeren zijn. Waarden zijn belangrijk bij het maken van keuzes, ze drukken uit wat voor jou écht van belang is. Goed beseffen wat je waarden zijn, helpt bij het maken van keuzes. Want als je niet weet waar je naar toe wilt, weet je ook niet of je er aangekomen bent. Of zoals het spreekwoord zegt: *elke wind is gunstig als je niet weet waarheen je zeilen wilt.*

OPDRACHT

Op de volgende bladzijde vind je een overzicht van 51 waarden. De opdracht is als volgt: lees de hele lijst een keer door om bekend te raken met de inhoud. Ga daarna nog een keer door de lijst en kruis die waarden aan die voor jou belangrijk zijn. Ga dan nog een keer langs die aangekruiste waarden en kies er tenslotte zeven die voor jou het belangrijkst zijn. Probeer binnen die zeven ook een volgorde in belangrijkheid aan te geven. Op de eerste plaats zet je de belangrijkste, et cetera.

○ 1 Prestatie
De mogelijkheid hebben mijzelf te overtreffen en belangrijke resultaten te behalen, en werk te doen dat uitdagend is.

○ 2 Vooruitgang
Werk hebben dat leidt tot betere mogelijkheden/kansen en grotere verantwoordelijkheid.

○ 3 Avontuur/Opwinding
Werk hebben waarin ik regelmatig opgewonden raak over de activiteiten of resultaten en waarbij risico's genomen moeten worden.

○ 4 Esthetica
Een baan hebben waarin ik me kan bezighouden met het creëren of bestuderen van mooie dingen.

○ 5 Betrokkenheid
Me met een specifiek bedrijf/organisatie kunnen identificeren en daar goede relaties en vriendschappen kunnen ontwikkelen.

○ 6 Artistieke creativiteit
Objecten, beelden of andere producten maken in een kunstvorm.

○ 7 Aantrekkelijke omgeving
In een omgeving werken die ik aantrekkelijk vind en waarin ik mij op mijn gemak kan voelen.

○ 8 Uitdagende problemen
Regelmatig bezig zijn met vraagstukken en problemen die mijn bekwaamheid testen.

○ 9 Verandering en afwisseling
Werk doen dat vaak afwisselend is in vorm, inhoud of locatie.

○ 10 Dichtbij macht
Een positie bekleden waar ik dichtbij de machthebbers/ leiders ben, waarin ik regelmatig contact heb met invloedrijke personen en waar ik betrokken ben bij belangrijke beslissingen.

○ 11 Gemeenschap
Betrokken zijn bij (buurt)gemeenschapsaangelegenheden.

○ 12 Competitie
Een baan hebben waarbij ik mijn mogelijkheden/bekwaamheden kan testen ten opzichte van anderen.

○ 13 Controle over mijn werk
In een positie zitten waarbij ik zoveel mogelijk controle heb over mijn werkdag.

○ 14 Creatieve expressie
Het maken/ontwikkelen van nieuwe concepten, producten, diensten, structuren, systemen, et cetera die niet volgens de standaardregels, procedures en patronen lopen.

○ 15 Ethiek
Werkzaam en actief zijn in een omgeving die past bij mijn principes en die niet botst met mijn persoonlijke normen en waarden.

○ 16 Bekwaamheid uitoefenen
Laten zien dat ik uitstekend werk verricht, mijn taakinvulling goed begrijp en gezien word als bekwaam en effectief.

○ 17 Externe structuur
In een omgeving werken die structuur biedt in de vorm van algemene regels, bereiken van doelen en duidelijke verwachtingen. Werk doen met duidelijke maatstaven.

○ 18 Publiek optreden
Voor een groep staan die bereid is om naar mij te luisteren, waar ik het middelpunt van de aandacht ben.

○ 19 Faam/beroemdheid
Bekend zijn bij een groot aantal mensen om de kwaliteit van mijn werk.

○ 20 Snel tempo
In een omgeving werken waar ik snel en op tijd resultaten moet produceren.

○ 21 Interessegebied
Werk doen in een gebied dat ik zeer interessant vind en waar ik activiteiten verricht die van wezenlijk belang zijn.

○ 22 In dienst van de samenleving
Werk doen waarbij de resultaten van mijn activiteiten ten gunste van de samenleving komen.

○ 23 Hoog inkomen
Een inkomen hebben waardoor ik mij een hoge levensstandaard kan veroorloven.

○ 24 Onafhankelijkheid/autonomie
De mogelijkheid hebben te werken zonder dat mij verteld wordt wat ik moet doen of werk te doen zonder dat ik regelmatig moet rapporteren.

○ 25 Invloedrijk
Een positie hebben waar ik invloed kan uitoefenen op het denken van mensen.

○ 26 Intellectueel
Anderen zien mij als een intellectueel persoon of als een expert op een bepaald gebied.

○ 27 Zonder druk
In een omgeving werken die relatief vrij is van stress en druk.

○ 28 Kennis
Werken in een vakgebied waar ik mijn vakkennis en ontwikkeling kan vergroten.

○ 29 Leiderschap
De persoon zijn tot wie men zich wendt voor advies en raad.

○ 30 Ontspanning
In een positie werken die mij de mogelijkheid geeft genoeg tijd over te houden om activiteiten naast mijn werk te doen die ik belangrijk vind.

○ 31 Locatie
In een plaats wonen waar ik mijn levensstijl tot uiting kan brengen en van waar ik mijn werk gemakkelijk kan bereiken.

○ 32 Beslissingen nemen
Een baan hebben waar ik beslissingen neem die van invloed zijn op de kwaliteit en succes van de resultaten.

○ 33 Verzorging
Een baan hebben waar ik de mogelijkheid heb ondersteunend en begripvol te zijn ten opzichte van andere mensen. Betrokken zijn in lesgeven, helpen, sturen, genezen of een dienstverlener zijn.

○ 34 Orde
Persoonlijke eigendommen, de omgeving en werkstructuren netjes en overzichtelijk houden en werken in een omgeving waar dingen gedaan worden volgens een plan, systematisch en ordelijk.

○ 35 Fysieke uitdaging
Een fysiek uitdagende en belonende baan hebben.

○ 36 Spel
Dingen doen voor mijn plezier en tijd maken voor deelname aan spor-
ten, spel en andere sociale activiteiten en vermaak. Een luchtige,
gemakkelijke attitude hebben ten aanzien van het leven.

○ 37 Macht/autoriteit
Een baan hebben waarbij ik de controle heb over het gedrag en het
werk/de functie van anderen.

○ 38 Precisiewerk
Werk doen waarbij grote nauwkeurigheid vereist is en het vermijden
van fouten van kritiek belang is.

○ 39 Prestige/erkenning
Werk doen dat anderen als belangrijk beschouwen en erkend worden
om de kwaliteit van mijn werk.

○ 40 Profijt/winst
Werk waarin mijn prestaties bepalend zijn voor winst of verlies.

○ 41 Contact
In direct contact staan met publiek/mensen.

○ 42 Respect
Respect krijgen voor mijn bekwaamheid en prestaties.

○ 43 Zekerheid
Weten dat ik mijn baan houd en daarvoor een redelijke vergoeding
blijf ontvangen.

○ 44 Stabiliteit
Werk doen dat voorspelbaar is en dat vrij weinig verandert op de
lange duur.

○ 45 Status
Vrienden, familie en de gemeenschap hebben respect voor mijn positie, mijzelf duidelijk kunnen onderscheiden van anderen.

○ 46 Ondersteunende omgeving
Voor een ontvankelijke baas/werkgever werken of begripvolle collega's hebben tot wie ik mij kan wenden voor advies, raad, hulp en ondersteuning.

○ 47 Vrije tijd
Mijn eigen werkschema kunnen hanteren en mijn werk doen in mijn eigen tempo zonder druk van buitenaf.

○ 48 Alleen werken
Resultaten behalen met weinig of geen hulp van anderen.

○ 49 Grensverleggend werk
Ontwikkelen van nieuwe kennis in de wereld van technische, sociale en politieke wetenschappen of voor andere zakelijke, academische en/of wetenschappelijke onderwerpen.

○ 50 Onder druk werken
Over lange periodes werken onder tijdsdruk, die een hoge mate van concentratie eist en waarbij weinig ruimte bestaat om fouten te maken.

○ 51 Samenwerking
Door middel van samenwerking met anderen doelen bereiken.

Je hebt je keuze gemaakt? Vul die zeven waarden dan in het schema op blz. 103 in. Geef ook aan welke van die zeven waarden je in je huidige functie kunt realiseren. En welke je niet realiseert. Vraag daarna voor het tweede deel van deze opdracht een collega of een goede bekende samen met je de gekozen waarden eens door te nemen. Vertel bij elk van de gekozen waarden wat die voor je betekent en of je die wel of niet in je huidige werk en manier van leven kunt realiseren.

Concentreer je ten slotte op die waarde(n), die je op dit moment niet realiseert en vertel aan je gesprekspartner wat je ervoor over zou hebben om die waarde(n) wél te realiseren. Hoe zou je die waarde(n) willen realiseren, op welke termijn? Vergelijk daarna je zeven waarden met de cirkels uit hoofdstuk 4. Wat zijn de overeenkomsten, wat de toevoegingen?

Ten slotte: wat betekenen je zeven waarden voor de keuzes die je op korte en lange termijn zult maken? Wat moet je bijvoorbeeld opgeven om je waarden te realiseren? En wat krijg je daarvoor terug? Kun je je voorstellen hoe je je zou voelen als je al je waarden ook werkelijk ervaart?

Voor die laatste vraag gebruiken we een tweede oefening: je toekomstdroom voor de geest halen. Daarvoor ga ik je eerst wat vertellen over doelen. Doelen hebben een aardige eigenschap: als je ze écht wilt bereiken, zijn ze meestal ook te bereiken. Veel timemanagementprincipes werken vanuit doelgerichtheid: in klassiek timemanagement vanuit de functie en in modern timemanagement vanuit de persoon. Welk perspectief je ook gebruikt, doelformulering is van wezenlijk belang.

De zeven belangrijkste waarden voor mij zijn:

1	
2	
3	
4	
5	
6	
7	

Wat ik hiervan in mijn huidige werk/functie terugvind, is:

1	
2	
3	
4	
5	
6	
7	

Wat ik in mijn huidige werk/functie niet terugvind, is:

1	
2	
3	
4	
5	

Afbeelding 15

Doelen stellen kan op twee manieren. De eerste manier is door vanuit de resultaatgebieden van een functie op een logisch-analytische wijze tot concrete streefdoelen te komen. Dit is de klassieke en beproefde methode van doelen bepalen. Het is een techniek van doelen formuleren, waarbij we een vuistregel als SMART gebruiken om ervoor te zorgen dat de doelen juist geformuleerd worden. SMART staat voor Specifiek (formuleer je doelen in de vorm van concrete resultaten), Meetbaar (ze moeten meetbaar zijn in kwantiteit, kwaliteit, tijd, geld, et cetera), Acceptabel (de doelen moeten voor jou en anderen acceptabel zijn), Realistisch (ze moeten haalbaar en uitvoerbaar zijn) en in Tijd geformuleerd. Wat mij betreft, zou ik die klassieke vuistregel willen aanvullen tot Be SMART! Waarbij 'Be' staat voor Bezieling. Ik heb te veel seminars meegemaakt waarin deelnemers op verzoek van de trainer hun doelen keurig formuleerden en checkten aan de hand van de vuistregel. Maar een juiste formulering is natuurlijk geen enkele garantie dat die doelen ook echt nagestreefd worden. Kortom, je kunt doelen technisch perfect definiëren, als ze niet echt voor je leven, wordt het nooit wat.

de klassieke manier van doelen stellen

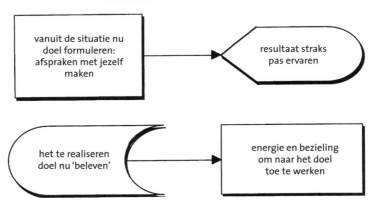

vanuit de situatie nu
doel formuleren:
afspraken met jezelf
maken

resultaat straks
pas ervaren

het te realiseren
doel nu 'beleven'

energie en bezieling
om naar het doel
toe te werken

de andere manier van doelen stellen

Afbeelding 16

De andere manier van doelen stellen, werkt op basis van creativiteit en verbeeldingskracht. Deze methode, visualiseren, gaat uit van een ander tijdperspectief. In de klassieke methode stel je vanuit het 'nu' doelen voor de toekomst. In deze methode draai je het om: je verbeeldt je dat je op dat moment in de toekomst bent waarop je je eigen doel gerealiseerd hebt. Je kijkt vanuit die gerealiseerde toekomst naar het 'nu' terug.

De methode omvat drie stappen:

1 Bepaal globaal welk resultaat je wilt bereiken. Bijvoorbeeld een étude van Chopin kunnen spelen op de piano.

2 Vorm een helder beeld waarin de gewenste situatie is verwezenlijkt. Je doet dus alsof het gewenste resultaat inmiddels is bereikt en je maakt in gedachten een voorstelling van deze situatie. Probeer dit beeld zo compleet mogelijk te maken door je te concentreren op wat je ziet, wat je hoort en hoe je je voelt in deze situatie. Waar ben je aan het spelen, wie zijn erbij, hoe klinkt het en wat gaat er door je heen?

3 Bevestig je mentale voorstelling positief door het uitspreken van een positieve, korte en krachtige zin in de tegenwoordige tijd. Bijvoorbeeld: 'Ik ben nu in staat om die étude met veel plezier en foutloos uit te voeren.'

Deze creatieve methode van doelen formuleren, is wezenlijk anders dan de meer klassieke methode die we gewend zijn. Het werkt echter uitstekend om je logisch-rationeel denken te ondersteunen door je intuïtie en verbeelding de benodigde ruimte te geven en van daaruit een ideale situatie te creëren. Die ideale situatie levert twee zaken op:

1 Uit de emotie die je beleeft vanuit de voorgestelde situatie merk je of het een doel is dat je wezenlijk raakt. Doet het je iets of doet het niets? Daaruit leid je af of het een doel is dat je echt wilt bereiken. Bezielt het je, maakt het je echt warm?

2 Uit de voorstelling van het behaalde resultaat kun je veel energie putten om daadwerkelijk aan het doel te gaan werken.

De praktijk leert dat sommige mensen van nature moeite hebben met visualiseren. Realiseer je dat visualiseren op verschillende manieren kan plaatsvinden. Sommige mensen zien echt beelden wanneer ze visualiseren. Hoewel de term impliceert dat je iets moet zien, is het ook mogelijk te visualiseren zonder beelden. Iedereen visualiseert op zijn eigen manier. Je kunt ook je innerlijke stem gebruiken om een situatie in kaart te brengen of om verschillende mogelijkheden af te wegen. Anderen reageren in eerste instantie gevoelsmatig wanneer ze aan een verwachte gebeurtenis of ervaring denken. We hebben wat dit betreft allemaal een voorkeur voor een van de vijf zintuigen (meestal zien, horen of voelen; soms smaak of reuk), omdat deze ons de meeste informatie verschaft bij het denken aan een situatie of ervaring.

Deze mentale techniek is een creatieve en inspirerende manier om doelen te stellen. Uit de wijze waarop grote leiders doelen stellen blijkt dat visualisatie daar een wezenlijk ingrediënt van is. Een bekend voorbeeld is Martin Luther King met zijn uitspraak: '*I have a dream*.'

Welke droom heb je en wat gaat er door je heen wanneer je denkt aan het moment dat je je droom gerealiseerd hebt?

Nu we vanuit de opvattingen van het moderne timemanagement de elementen gedragsstijl, denkstijl en waarden hebben besproken, blijft er nog één belangrijke factor op de Persoon-Tijdlijn over: de betekenis die tijd voor je heeft. Daarover gaat het volgende hoofdstuk.

11 WAT BETEKENT TIJD VOOR MIJ?

Twee mensen in dezelfde functie: de een doet alles rustig aan, de ander is altijd gehaast. De resultaten zijn misschien vergelijkbaar, de manier waarop ze bereikt worden allerminst. Uit het verschil in gedragsstijl kunnen we al veel verklaren. Maar is er ook zoiets als een verschillende manier van tijd beleven? Wat is tijd en wat betekent tijd voor jou?

Een lastige en filosofische vraag. We kunnen er de boeken van Augustinus tot Heidegger (*Sein und Zeit*) op naslaan zonder er echt veel wijzer van te worden. Het gaat ook niet om een filosofisch sluitend betoog, het gaat om de betekenis en de beleving. Ik leg deze vraag ook het liefst zo simpel mogelijk aan je voor: wat betekent tijd voor jou? Kun je dat in één woord uitdrukken?

Ook de antwoorden op deze vraag heb ik in de afgelopen jaren verzameld en ik ontdekte twee groepen mensen:
1 De groep die tijd vooral als emotionele beleving ziet, met als tweedeling: tijd als vriend of tijd als vijand. Aan de ene kant de groep mensen die tijd vooral ziet als 'mogelijkheid'. Synoniemen zijn: tijd is een kans, tijd is een open ruimte, tijd is toekomst, tijd is leven, tijd is een vriend. Aan de andere kant de groep mensen die tijd vooral ziet als bedreiging: altijd te kort, dat wat tussen je vingers door glipt, tijd is druk, dat waarvan je nooit genoeg hebt, tijd is een gevecht, tijd is een vijand.
2 De groep mensen die tijd vooral instrumenteel en nuchter benadert: tijd is een meetmiddel, tijd is een verdeling, tijd is een maatstaf.

Hoe we tegen tijd aankijken en hoe we tijd beleven, leren we in de loop van ons bestaan. We leren om onszelf te verhouden tot ons verleden, het hier en nu en onze toekomst. Ieder mens ontwikkelt in zijn leven een bepaalde verhouding met tijd. Als klein kind leren we om onze natuurlijke behoeften (eten, drinken, slapen, poepen en plassen) steeds meer in te passen in een door anderen (meestal de ouders) bepaald ritme. We leren in een paar jaar om onze directe behoefte aan eten en drinken uit te stellen tot vaste momenten. We brullen niet meer direct als we honger hebben, we leren te wachten tot etenstijd.

Een van de sterkste trainingen op dit gebied is de zindelijkheidstraining. Ieder kind wordt getraind om zijn behoefte te doen op een door de verzorger aangegeven moment ('Nog even plassen voordat je gaat slapen'). En als een kind dat werkelijk doet, volgt meestal een beloning of compliment. We trainen kinderen om hun lichamelijke en natuurlijke behoeften in te passen in een sociaal ritme, een op tijd gebaseerd ritme.

In de verdere ontwikkeling van het kind worden allerlei behoeften steeds sterker aan tijd gekoppeld. We vervangen onze natuurlijke, biologische klok door een sociale, maatschappelijke klok. Een kind leert niet alleen klokkijken, het leert ook om zich op allerlei manieren aan te passen aan die klok. Ouders van een kind dat zegt dat het geen slaap heeft, gebruiken het argument dat het 'al acht uur is en dat je dus naar bed toe moet'. Het maakt niet uit of je moe bent, de klok zegt dat jij moet gaan slapen!

Na deze eerste trainingen in het hanteren en beleven van tijd, ontwikkelt ieder mens een bepaalde verhouding met het verleden, het heden en met de toekomst.

OPDRACHT

Om de tijdperspectieven in kaart te brengen, ontwikkelden wij een instrument, de vragenlijst voor persoonlijke Tijdperspectieven. Deze vragenlijst brengt acht elementen in kaart die samen een 'profiel' opleveren. Dit profiel geeft het Persoonlijke Tijdperspectief weer.

Vul, voor je verder leest, deze vragenlijst eens op je gemak in om je tijdperspectief in kaart te brengen. Het is de bedoeling dat je iedere uitspraak goed bekijkt en beantwoordt. Sla geen enkele uitspraak over. Bij het beantwoorden van de uitspraken gaat het niet om goede of

foute antwoorden, maar om *jouw* beleving van tijd. Het invullen kost
je ongeveer vijftien minuten.

5 = geheel mee eens
4 = tamelijk mee eens
3 = weet niet
2 = tamelijk oneens
1 = geheel oneens

PERSOONLIJK TIJDPERSPECTIEF

1 Het is het beste om van de ene dag in de andere
te leven en de toekomst te laten voor wat zij is. ⑤ ④ ③ ② ①

2 Het lijkt wel of ik vaker in tijdnood zit dan andere
mensen. ⑤ ④ ③ ② ①

3 Het verleden leeft sterk voor mij. ⑤ ④ ③ ② ①

4 De toekomst is in de eerste plaats een gelegen-
heid om mijzelf verder te ontwikkelen. ⑤ ④ ③ ② ①

5 Ik zorg ervoor dat ik nooit te laat op afspraken ben. ⑤ ④ ③ ② ①

6 Ik verwacht dat mijn toekomst aangenaam zal zijn. ⑤ ④ ③ ② ①

7 Ik probeer altijd wat geld weg te leggen voor
moeilijke tijden. ⑤ ④ ③ ② ①

8 Ik kan mij moeilijk voorstellen wat voor iemand
ik over tien jaar zal zijn. ⑤ ④ ③ ② ①

9 Ik vind dat je nu uit het leven moet halen wat er
in zit, want je weet nooit wat de toekomst brengen zal. ⑤ ④ ③ ② ①

10 Wanneer ik tijd tekort kom, heb ik de neiging om
in paniek te raken. ⑤ ④ ③ ② ①

11 Mijn toekomst lijkt me soms hopeloos. ⑤ ④ ③ ② ①

12 Als ik in gedachten ben, denk ik vaak aan
gebeurtenissen van vroeger. ⑤ ④ ③ ② ①

13 Ik houd er niet van de tijd uit het oog te verliezen. ⑤ ④ ③ ② ①

14 Als ik aan mijn toekomst denk, voel ik mij wat onbehaaglijk. ⑤④③②①

15 Geld dient ertoe om uit te geven, niet om te sparen. ⑤④③②①

16 De toekomst is te onzeker om ver vooruit plannen te kunnen maken. ⑤④③②①

17 Ik praat graag over vroeger. ⑤④③②①

18 Ik probeer vaak tijd te winnen door me te haasten. ⑤④③②①

19 Wanneer je van het leven wilt genieten, moet je dat nú doen. ⑤④③②①

20 Ik maak me zorgen over de toekomst. ⑤④③②①

21 Wanneer ik geld spaar, geeft me dat doorgaans meer voldoening dan wanneer ik er direct iets van koop. ⑤④③②①

22 Ik denk heel weinig na over het verleden. ⑤④③②①

23 Ik ben van plan voor een stevige financiële positie in de toekomst te zorgen. ⑤④③②①

24 Het benauwt me wanneer ik eraan denk hoe snel de tijd voorbijgaat. ⑤④③②①

25 Ik heb een tamelijk goed beeld van wat ik over vijf jaar zal doen. ⑤④③②①

26 De toekomst zal waarschijnlijk niet zó rooskleurig voor mij zijn. ⑤④③②①

27 Wanneer ik een grote hoeveelheid geld zou krijgen, zou ik er zo weinig mogelijk van uitgeven en het bewaren voor de toekomst. ⑤④③②①

28 Ik houd me vaak bezig met teleurstellende ervaringen uit mijn verleden. ⑤④③②①

29 Het tempo van het alledaagse leven benauwt mij wel eens. ⑤④③②①

30 Het lijkt alsof ik in mijn leven geen doel heb. ⑤④③②①

31 Ik spaar liever geld dan dat ik het meteen uitgeef ⑤④③②①

32 De meeste van mijn toekomstplannen zijn vaag. ⑤④③②①

33 Ik kom liever te vroeg en wacht nog even dan dat ⑤④③②① ik te laat kom voor een afspraak.

34 Je moet je zoveel mogelijk laten leiden door je ⑤④③②① vooruitzichten op de toekomst.

35 Verder komen in mijn persoonlijke ontwikkeling ⑤④③②① is van wezenlijk belang voor mijn toekomst.

36 Ik erger me meestal niet meer over dingen die ⑤④③②① voorbij zijn.

37 Het is belangrijk je voornamelijk bezig te hou- ⑤④③②① den met het leven van dit moment.

38 Mijn toekomst wordt bepaald door mijn per- ⑤④③②① soonlijke ontwikkeling.

39 Soms heb ik het gevoel dat ik een wedloop met ⑤④③②① de tijd houd en dat ik de verliezer ben. ⑤④③②①

40 Bij de meeste dingen die ik doe, let ik op de klok.

41 De meeste van mijn toekomstplannen zijn goed ⑤④③②① uitgedacht.

Je hebt de vragenlijst ingevuld en nu ben je natuurlijk benieuwd naar de uitkomsten. Om te beginnen kun je je score aflezen in afbeelding 17. Je hebt bij elke uitspraak een cijfer omcirkeld in de vragenlijst. Neem nu per uitspraak de 'plaats' van dat cijfer over. Dus bij uitspraak 1 omcirkel je hetzelfde nummer aan als je in de vragenlijst hebt omcirkeld. Bij uitspraak 9 hetzelfde, et cetera. De totaalscores kun je overbrengen op de cirkel in afbeelding 18. Deze cirkel geeft je persoonlijk tijdperspectief weer. Ik leg eerst de achtergrond van dit tijdperspectief uit en geef voorbeelden van veel voorkomende profielen. Daarna kun je je eigen profiel analyseren.

Het tijdperspectief wordt gevormd door drie bekende begrippen van tijd: het verleden, het heden en de toekomst. Je perspectief gaat over de manier waarop je tegen deze drie elementen van tijd aankijkt en de invloed die je perspectief heeft op je dagelijks leven en werken. We zullen die drie basisperspectieven eerst toelichten om daarna het profiel uit je PTP-vragenlijst beter te kunnen interpreteren. Elk perspectief kent positieve en negatieve kenmerken.

hier en nu

1	5	4	3	2	1
9	5	4	3	2	1
19	5	4	3	2	1
37	5	4	3	2	1

persoonlijke groei

4	5	4	3	2	1
23	5	4	3	2	1
34	5	4	3	2	1
35	5	4	3	2	1
38	5	4	3	2	1

haast

2	5	4	3	2	1
10	5	4	3	2	1
18	5	4	3	2	1
24	5	4	3	2	1
29	5	4	3	2	1
39	5	4	3	2	1

verledengerichtheid

3	5	4	3	2	1
12	5	4	3	2	1
17	5	4	3	2	1
22	1	2	3	4	5
28	5	4	3	2	1
36	1	2	3	4	5

stiptheid

5	5	4	3	2	1
13	5	4	3	2	1
33	5	4	3	2	1
40	5	4	3	2	1

optimisme

6	5	4	3	2	1
11	1	2	3	4	5
14	1	2	3	4	5
20	1	2	3	4	5
26	1	2	3	4	5
30	1	2	3	4	5

sparen

7	5	4	3	2	1
15	1	2	3	4	5
21	5	4	3	2	1
27	5	4	3	2	1
31	5	4	3	2	1

vaagheid toekomst

8	5	4	3	2	1
16	5	4	3	2	1
25	1	2	3	4	5
32	5	4	3	2	1
41	1	2	3	4	5

Afbeelding 17

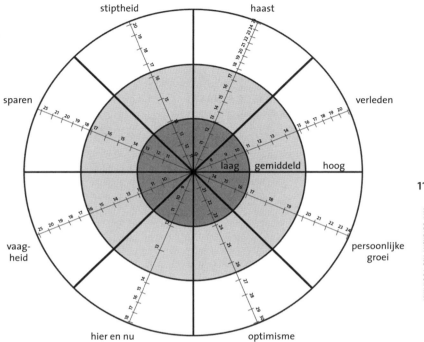

stiptheid

haast

sparen

verleden

laag gemiddeld hoog

vaag-
heid

persoonlijke
groei

hier en nu

optimisme

Afbeelding 18

Het verleden-perspectief

'Wie zijn verleden vergeet, is gedoemd om het steeds over te doen.'

Deze uitspraak van de psychiater Ronald Laing tekent het belang van ons verleden. Het verleden is de verzameling van alles wat we meegemaakt en geleerd hebben. We zeggen wel dat iemand 'in het verleden leeft' wanneer iemand steeds over dat verleden praat en bij alles wat 'nu' gebeurt steeds een vergelijking met een gebeurtenis uit het verleden maakt. Wanneer die vergelijking steeds positief uitvalt (vroeger was alles beter dan nu), spreken we van nostalgie, wanneer de vergelijking negatief uitvalt (het verleden wordt betreurd), spreken we van melancholie. Er zijn ook mensen voor wie het verleden nauwelijks een rol speelt; terugkijken vinden ze al gauw gezeur. Een sterk ontwikkeld verleden-perspectief kent voor- en nadelen.

mogelijke voordelen	mogelijke nadelen
leren van je fouten	behoudend, conservatief
kunnen genieten van vroegere prestaties	star
trots op het verleden	geen zin in de toekomst
ervaring, een kader waarin je alles kunt plaatsen	tegen verandering
het verleden is veilig, angst heeft altijd met de toekomst te maken	in het ergste geval: 'zeuren'

Het heden-perspectief

'Carpe Diem: geniet van het moment, je leeft maar één keer.'

Deze wijsheid uit het Romaanse tijdperk is nog altijd waar. We leven maar één keer en het is inderdaad een kunst om steeds van ieder moment te kunnen genieten. In tegenstelling tot de op het verleden gerichte mens (die geniet van wat al voorbij is) en de toekomstgerichte mens (die genieten uitstelt tot later) leeft iemand met een hier-en-nu-perspectief direct en onbevangen. Behoeften dienen het liefst direct bevredigd te worden, want uitstel is niet een woord dat in het vocabulaire van een hier-en-nu-genieter voorkomt. Ze functioneren het best in een werksituatie waarin veel afwisseling voorkomt en waarin resultaten binnen korte tijd bereikt kunnen worden. Ook dit perspectief kent mogelijke voor- en nadelen.

mogelijke voordelen	mogelijke nadelen
optimistisch	impulsief
kunnen genieten van het moment	veranderlijk
vrolijk, onbezorgd	geen prioriteiten stellen
snel wisselen van aandacht	oppervlakkig in het leven staan
goed kunnen ontspannen	niet doelgericht
weinig angsten	

Het toekomst-perspectief

'Als je niet weet waar je naar toe wilt, weet je ook nooit of je aangekomen bent.'

Een doel in de toekomst 'mobiliseert' veel energie. Het is iets om naar toe te werken. Sterk toekomstgerichte mensen zijn zich bewust van hun doelen en werken gericht aan de realisering daarvan. Ze kunnen zich inzetten, beheersen hun impulsen en kunnen 'afzien' omwille van het resultaat 'later'. In onze cultuur staat die toekomstgerichtheid nog altijd hoog in het vaandel. We kennen allemaal het 'calvinistische' credo: werk nu, de beloning komt in het hiernamaals. Nu willen de meeste toekomstgerichte mensen die beloning toch wel iets voor die tijd hebben, maar het geeft aan dat toekomstgerichtheid in onze maatschappij een gewaardeerde eigenschap is. Toch zijn ook hier mogelijke voor- en nadelen te onderkennen.

mogelijke voordelen	mogelijke nadelen
doelgericht	niet realistisch
kunnen afzien	niet kunnen ontspannen
uitstellen van 'direct' plezier	'streber'
hard werken	los van hier en nu
ambitieus	niet genieten van het 'nu'
planmatig	

Nu je bekend bent met de drie basisperspectieven, leg ik uit wat de vragenlijst die je ingevuld hebt in kaart brengt. De vragenlijst voor Persoonlijke Tijdperspectieven is opgebouwd uit acht elementen.

1 Optimisme

De 'kleur' die je aan je toekomst geeft: rooskleurig of donker. Het gaat hier om je verwachting van je toekomst, hoe vaag of duidelijk die ook mag zijn.

2 Persoonlijke groei

Tijd is een mogelijkheid tot ontwikkeling. Dit element geeft weer in hoeverre je de toekomst ziet als een mogelijkheid om je verder te ontwikkelen en in hoeverre je verwacht je nog verder te ontwikkelen.

3 Hier en nu

Genieten van het hier en nu is de beste omschrijving van dit element.

4 Vaagheid van het toekomstbeeld

Hoe helder is het beeld van je toekomst dat je op korte en lange termijn voor ogen hebt? Let op: een hoge score voor vaagheid betekent dus een onduidelijk beeld van je toekomst!

5 Sparen

Het beheersen van 'impulsen' en plezier uit kunnen stellen.

6 Stiptheid

Dit element geeft weer in hoeverre je tijd opvat als een strikte norm waaraan je je wilt houden. Precisie in het hanteren van tijd, bijvoorbeeld anderen niet laten wachten en het zelf ook heel vervelend vinden wanneer anderen zich niet aan tijdafspraken houden.

7 Haast

De mate waarin tijd als 'altijd te kort' wordt ervaren. Gejaagdheid en tijdangst: bang om met de beschikbare tijd niet uit te komen.

8   Oriëntatie op het verleden

De rol die het persoonlijke verleden speelt, het belang van het verleden in het leven van alledag. De oriëntatie kan positief (nostalgisch, het verleden waar je naar terugverlangt) zijn of meer negatief (melancholisch, het verleden dat betreurd wordt).

Je antwoorden op de vragen uit de lijst kun je scoren en invullen in de cirkel. Zo ontstaat een profiel. Om je profiel zelf te kunnen interpreteren, moet je een paar uitgangspunten en stappen toepassen:

1   Een goede interpretatie betreft altijd het gehele profiel. Let dus niet alleen op scores op één onderdeel, maar dwing jezelf ertoe om het gehele beeld in samenhang te zien.

2   Om dit beeld op te bouwen, begin je te kijken welke scores écht hoog of écht laag zijn. Hanteer daarbij de volgende stappen:

STAP 1

Hoe zijn de scores voor je Toekomstgerichtheid? Kijk eerst naar je score voor Vaagheid, dan naar je scores voor Optimisme en Persoonlijke groei. Scoor je laag op Vaagheid en meer dan gemiddeld op Optimisme en Persoonlijke groei, dan is dat een duidelijk beeld van een sterke toekomstgerichtheid. Heb je een gemiddelde of hoge score op Vaagheid (dat wil zeggen een onduidelijk toekomstbeeld), en toch een hoge score op Optimisme en Persoonlijke groei, dan zegt dit dat je vol verwachting bent van een toekomst die overigens wel vaag voor je is.

STAP 2

Hoe is je score op Hedengerichtheid? Kijk eerst naar je score op genieten van Hier en nu, en kijk ook naar je score voor Sparen. Meestal gaat een hoge Hier en nu-score samen met een lage score voor Sparen (dit is logisch, Sparen betekent vooral het beheersen van impulsen en het vermogen om 'uit te stellen').

STAP 3

Hoe is je score op Verledengerichtheid? Kijk naar je score op Verleden.

STAP 4

Kijk naar je scores voor Stiptheid en Sparen. Dit gebied noemen we de 'controle'- of tijdbeheersingskant. Hoge scores op beide onderdelen geven aan, dat je tijd precies hanteert en jezelf qua tijdgedrag waarschijnlijk ook goed in de hand hebt.

Lage scores op beide elementen geven aan dat je waarschijnlijk wat slordig bent in het omgaan met tijd. Dit hoeft overigens (voor jezelf) geen probleem te betekenen. Dit beeld komt vaak voor bij mensen met een hoge Hier en nu-score: ze leven nú en zijn niet gericht op grote beheersing of precies hanteren van tijd.

STAP 5

Kijk naar je Haast-score. Een hoge score geeft aan dat je meer dan anderen tijd als een 'bedreiging' ervaart en een zekere angst hebt om niet met de tijd uit te komen. 'Altijd te kort' is dan het motto. Een gemiddelde of lage score op dit onderdeel geeft aan dat je geen tijdproblemen van betekenis hebt.

STAP 6

Bepaal nu de verhouding tussen je Toekomst-, Heden- en Verleden-scores. Zijn alle onderdelen in verhouding gelijk of is er een duidelijke hoge of lage score? Ben je duidelijk een Toekomst-, een Heden- of een Verleden-mens?

STAP 7

Wanneer je een hoge Haast-score hebt, gaat die dan samen met een hoge score voor Verleden of een hoge score voor Hier en nu? In het eerste geval heb je waarschijnlijk ook een lage score voor Optimisme. Voor verdere interpretatie kun je verder lezen bij de voorbeeldprofielen.

In het tweede geval zegt het profiel dat je wellicht door hoge werkdruk in combinatie met je voorkeur voor Hier en nu moeite hebt met het stellen van prioriteiten, of door een overdaad aan werk een behoorlijke 'tijdsdruk' ervaart. Ook van dit profiel is een voorbeeld opgenomen dat je door kunt lezen.

Je hebt nu in zeven stappen de essentie van je profiel bepaald. Voor een verdere interpretatie kun je bij de voorbeeldprofielen kijken naar het profiel dat (grotendeels) met je eigen profiel overeenkomt. Bij elk voorbeeld zijn vragen en interpretaties vermeld die je meer inzicht geven in je score.

1 Toekomstgericht-profiel

Kenmerken:
- lage score op Vaagheid
- hoog op Optimisme
- hoog op Persoonlijke groei
- laag op Verleden
- laag op Hier en nu
- sterke beheersing: Stipt en gericht op Sparen
- geringe Haast.

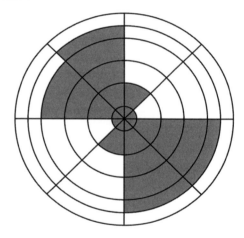

Afbeelding 19

In een sterk toekomstgericht profiel zien we hoge scores op Optimisme en Persoonlijke groei in combinatie met een lage score op Vaagheid, dat wil zeggen, een zeer duidelijk beeld van de toekomst. Het Verleden is van weinig belang en Hier en nu-genieten scoort gemiddeld of laag. De 'controle'-kant is sterk ontwikkeld: Stipt en gericht op Sparen (beheersen van impulsen). In dit profiel zien we meestal een lage score voor Haast.

Alle aandacht en energie is gericht op de toekomst. Mensen met dit profiel werken planmatig, stellen hun prioriteiten en beheersen hun tijdbesteding goed. Het gevaar kan zijn, dat er weinig spontaan 'genieten' overblijft. Extreem toekomstgerichte mensen kunnen alleen maar 'gepland' ontspannen.

Door de geringe aandacht voor het verleden is er ook het gevaar van 'altijd maar doorlopen' zonder eens om te kijken en te genieten van wat bereikt is of te leren van goede en foute prestaties. Het is wel een profiel van mensen die het in hun werk goed doen. Ze kennen misschien een tekort aan tijd omdat ze zoveel meer zouden willen doen, maar ze ervaren geen tijdproblemen in de zin van 'haast'.

Als je dit profiel hebt, ken je waarschijnlijk niet echt veel timemanagementproblemen in de klassieke betekenis. Ik neem aan dat je een goed beheer en goede beheersing van je tijd hebt. Maar het gevaar is dat je zo doel- en taakgericht werkt, dat je aan genieten en ontspannen te weinig toekomt.

- Hoe zou je meer aandacht voor 'spontaan' ontspannen kunnen inruimen?
- Kijk je wel eens terug op een dag, een week of een voorbije periode? Neem je de tijd om te genieten van wat je gepresteerd hebt? Leer je genoeg of ga je maar snel weer door naar het volgende project?

2 Hier en nu-profiel

Kenmerken:
- hoge score op Hier en nu
- hoog op Optimisme
- hoge Persoonlijke groei
- laag op Verleden
- hoge Vaagheid
- zeer laag op Stiptheid
- zeer laag op Sparen
- laag op Haast.

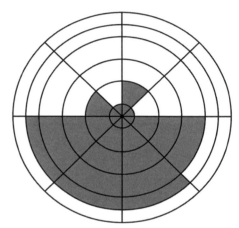

Afbeelding 20

De hoge score op Hier en nu-genieten gaat samen met een vaak zeer hoge score op Optimisme. Het opvallende verschil met de toekomstgerichte persoon is dat er nu een zeer hoge score op Vaagheid is. Het Optimisme betreft dus een 'verwachting' van een toekomst die buitengewoon onduidelijk is. Persoonlijke groei kan ook wat lager scoren dan bij een toekomstgericht iemand omdat de toekomst nu eenmaal niet zó belangrijk is voor de Hier en nu-genieter.

Passend in het beeld zijn lage scores aan de 'controle'-kant: vaak een zeer lage score op Stiptheid: Hier en nu-genieters zien tijd niet als een strikte norm waar je je aan houden moet, integendeel ... Ook de lage score op Sparen is te verwachten, omdat beheersing niet het sterkste punt is van Hier en nu-genieters. Hoewel ze zelf geen probleem hebben met hun geringe Stiptheid, kan de omgeving daar wél last van hebben.

Het Verleden scoort doorgaans gemiddeld of laag.

Voor wat betreft de score op Haast, kennen we twee varianten: een lage score op Haast hoort eigenlijk bij de Hier en nu-genieter. In het typische profiel van de levensgenieter komt ook geen haast voor. Wanneer een Hier en nu-genieter echter in een zeer drukke baan wordt geplaatst, waarin prioriteiten en deadlines een hoofdrol spelen, neemt de Haast-score snel toe. De haast zit dan niet echt in de persoon, maar wordt veroorzaakt door de werkdruk.

Als je een Hier en nu-profiel hebt:
- Hoe zou je meer prioriteiten per dag kunnen stellen?
- Hoe goed ben je in het 'afmaken' van waar je aan werkt?
- Hoe zou je gedisciplineerder kunnen zijn in het aanpakken van vervelende klussen?

3 Verledengericht-profiel

Kenmerken:
- hoog op Verleden
- gemiddeld tot laag Hier en nu
- hoog op Vaagheid
- sterke beheersing: stipt en gericht op Sparen.

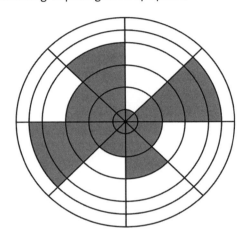

Afbeelding 21

Sterk op het verleden gerichte mensen halen hun 'bevrediging' uit het terugdenken aan vroeger. Bij alles wat nu gebeurt of in de toekomst gaat gebeuren, gebruiken zij ervaringen uit hun verleden als referentie. In extreme gevallen noemen we het ook wel 'leven in de achteruitkijkspiegel'. Het voordeel van het verleden is, dat het meestal 'veilig' is, bekend.

Voor de effectiviteit van de op het verledengerichte persoon is het belangrijk hoe de verhouding is tussen de Verleden-score enerzijds en de Hier en nu- en Toekomstgerichte scores anderzijds. Extreme gerichtheid op het verleden zonder enig belang van Heden en Toekomst resulteert in een passieve, soms defensieve en weinig doelgerichte houding.

Een apart profiel vormt een hoge score op Verleden in combinatie met een zeer hoge score voor Haast. Omdat dit zo'n speciaal profiel is, behandelen we het apart:

4 Haast-profiel

Kenmerken:
- hoog op Haast
- laag op Optimisme
- hoog op Verleden
- hoog op Vaagheid
- laag/gemiddeld Hier en nu

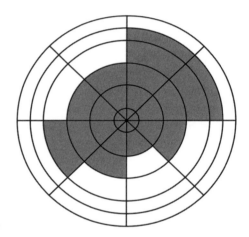

Afbeelding 22

Wanneer de score voor Haast hoog is, treffen we vaak een profiel aan waarin ook de score voor Verleden zeer hoog is. Verder is in een typisch 'haastprofiel' de score voor Optimisme zeer laag. We noemen dit profiel een Haast-syndroom: een sterke, gehaaste gerichtheid op de toekomst met een voortdurende angst om niet met de toebemeten tijd uit te komen. De haast naar de toekomst is opvallend, gezien de negatieve verwachting van die toekomst (lage score voor Optimisme).

Dit profiel duidt erop dat Haast meer met iets uit het verleden van de persoon te maken heeft dan met een gerichtheid op de toekomst. Het heeft geen zin om tegen een persoon met een hoge Haast-score te zeggen dat hij de toekomstplannen wat duidelijker in beeld moet brengen. Meestal roept dit alleen maar nóg meer haast op ...

Haast is 'aangeleerd' gedrag dat gevormd is in het verleden. Haast heeft bijna altijd te maken met té veel willen of moeten, en moeite hebben met kiezen en consequenties van keuzes.

Een tweede bron voor haast is de neiging om het verleden 'goed' te maken. Hoewel het verleden van grote invloed is, hebben sterk gehaaste mensen moeite met 'stilstaan' en reflectie, want: 'Ik heb nog zoveel te doen!' Ontspannen en genieten van het 'nu' is doorgaans ook niet het sterkste punt van gehaaste mensen.

Haast heeft niets met stiptheid te maken. Stipte mensen zijn niet meer of minder gehaast dan niet-stipte mensen. Gehaaste mensen zeggen dat ze eens wat stipter moeten zijn, heeft geen enkele zin.

Omdat de oorzaak van haast meestal in het verleden ligt, ligt ook daar het begin van de oplossing. Voor het terugdringen van haast is een bezinning op motieven nodig: wat wil ik, waarom wil ik dat?

Uit diverse onderzoeken blijkt dat Haast de kans op ziekten sterk vergroot. Een hoge score voor Haast is dus een serieus teken dat er iets gedaan moet worden. De volgende vragen kunnen daar een aanzet toe zijn:

- Kun je je herinneren wanneer je gehaaste leven (ongeveer) begon?
- Wat zijn mogelijke lichamelijke verschijnselen/klachten die met je gevoel van haast te maken hebben?
- Kun je je verwachtingen van je toekomst eens precies omschrijven? Wat maakt dat je laag scoort op Optimisme?
- Ligt het gehaast zijn aan het soort werk dat je doet of ligt het echt bij jezelf? (Zou iemand anders in jouw positie hetzelfde werk met veel minder haast doen?)
- Wat zijn je motieven en doelen in je werk en in je privéleven? Wat maakt dat je je zo vaak gehaast voelt om die te realiseren?
- Welke manier van ontspannen past goed bij je? Wat zou je kunnen doen om tussendoor meer te ontspannen, te 'vertragen'?

5 Balans-profiel

Kenmerken:

- laag op Vaagheid
- hoog op Optimisme
- hoog op Persoonlijke groei
- gemiddeld op Verleden
- gemiddeld op Hier en nu
- stipt en gericht op Sparen
- geringe Haast.

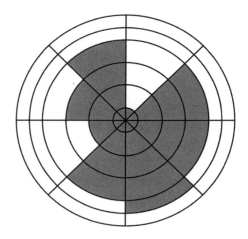

Afbeelding 23

In dit profiel zien we een 'perfecte' balans tussen verleden, heden en toe-komst. De toekomst scoort het hoogst (lage Vaagheid, hoog Optimisme en Persoonlijke groei), maar wordt ondersteund door een gezonde gerichtheid op Hier en nu-genieten en aandacht voor het verleden. In dit evenwichtige profiel is de Haast-score bijna altijd laag. De score op Sparen is hier niet echt van belang, Stiptheid is meestal gemiddeld tot hoog. In hun werk kennen mensen met dit profiel geen echte tijdproblemen, ook al is de werkdruk hoog.

Met behulp van de vragenlijst heb je je tijdperspectief in kaart gebracht en uitgezocht wat daarvan de effecten op je tijdgedrag kunnen zijn. Kennis van je eigen tijdperspectief is van belang om je eigen tijdgedrag te begrijpen. En te weten of en waar voor jou mogelijke aangrijpingspunten zitten voor verandering van je tijdgedrag. In het laatste hoofdstuk gaan we daarvoor een aantal stappen beschrijven.

12 EEN PLAN VAN AANPAK EN DE EXCUSES OM HET NIET UIT TE VOEREN

In het eerste deel van dit boek hebben we de klassieke elementen van timemanagement belicht. Ik herhaal ze nog even:
- Bepaal de essentie van je functie, het liefst in termen van de vereiste output.
- Formuleer doelen op werk- en persoonlijk niveau.
- Stel prioriteiten vast aan de hand van het urgent-essentieel schema.
- Organiseer niet-essentiële, maar wel urgente zaken 'weg'.
- Zorg ervoor dat je aan essentiële maar niet-urgente zaken toekomt.
- Spoor verstoringen op en probeer een manier te vinden om ze te hanteren.
- Pas 'tips' toe voor je werk-organisatie.

Kortom, wees effectief én efficiënt.

Al deze zaken vormen de basis van timemanagement en ze werken nog steeds, maar beperkt. Daarom hebben we modern timemanagement gedefinieerd als een nodige aanvulling op de klassieke beheer- en beheerstechnieken. Het gaat in de moderne variant om persoonlijke kenmerken die van grote invloed zijn op tijdbeleving en tijdhantering. We hebben die persoonlijke kenmerken behandeld aan de hand van:
- je gedragsstijl (away, against, towards)
- je denkstijl (beoordelaar versus waarnemer)
- je persoonlijke waarden
- je tijdperspectief.

Het is nu tijd om voor jezelf de balans op te maken. Waar zit de essentie van je timemanagementprobleem en wat is voor jou een geschikte methode om dat probleem aan te pakken? De meest praktische methode werkt altijd vanuit een concrete vraagstelling: welk timemanagement-vraagstuk wil je oplossen? Maak je vraagstelling zo concreet mogelijk, beschrijf of bespreek met iemand samen specifieke situaties waarin je verbetering wilt aanbrengen. Probeer om naast het probleem in die situatie ook de gewenste verandering te beschrijven:

- Hoe ziet die situatie eruit wanneer ik iets verbeterd heb?
- Waar kan ik dat dan aan merken?
- Wie zijn bij die verbetering betrokken?

Denk na de beschrijving van je situatie aan het Persoon-Werk-Tijdmodel: gaat het om een vraagstuk van Effectiviteit (bijvoorbeeld onduidelijkheid over je functie, moeite met prioriteiten stellen), gaat het om je Efficiëntie (organisatie van het werk, hanteren van verstoringen) of gaat het om een verandering die te maken heeft met je Persoonlijke stijl? Het is heel goed mogelijk dat het om combinaties van deze drie invalshoeken gaat!

En dan komt een belangrijke vraag: kies je voor het oplossen of verbeteren van één bepaalde situatie, of gaat het om een veel vaker voorkomend vraagstuk dat met je Persoonlijke stijl te maken heeft? Ga je iets aan de situatie veranderen of iets in jezelf? Met andere woorden: wordt het een specifieke oplossing voor de organisatie van je werk? Of: wordt het een persoonlijk vraagstuk dat vraagt om verandering van je 'gedragsstijl'?

Wanneer je daar antwoord op hebt gegeven, kun je de activiteiten omschrijven die je wilt gaan uitvoeren.
Denk daarna aan je persoonlijke kenmerken:

- Hoe past die oplossing bij mijn gedragsstijl?
- Hoe past die oplossing bij mijn denkstijl (beoordelaar of waarnemer)?
- Welk verband heeft die oplossing met voor mij belangrijke doelen en waarden?
- Hoe past die oplossing bij mijn tijdperspectief?

Deze vragen zijn het gemakkelijkst te bespreken wanneer een ander ze aan je stelt. Er is geen wet ter wereld die zegt dat je alles zélf moet oplossen. Vraag dus aan iemand uit je directe omgeving je te helpen, al was het alleen maar om je aanpak te 'bevragen'. Het grote voordeel van die hulp is, dat je je vraagstuk én je aanpak concreet zult moeten maken. En hoe concreter die formulering, hoe meer kans op succes. Door er een ander in te betrekken, kweek je ook 'commitment' bij jezelf. Het wordt minder gemakkelijk om je plan te laten varen, want die ander komt natuurlijk vragen hoe het ermee gaat!

Gewapend met inzichten uit beide benaderingen heb je nu voldoende aanwijzingen gekregen om iets te gaan doen: iets in je gedrag en je omgang met tijd en werk te verbeteren. Maar wat voor je werkt en óf iets bij je werkt, hangt niet alleen af van de tip, de techniek of de theorie. Het gaat erom of je werkelijk iets wilt veranderen en of je erin gelooft dát je iets kunt veranderen! Dat geloof in je mogelijkheid tot veranderen bepaalt hoeveel energie je in die verandering wilt steken, welke acties je daadwerkelijk gaat ondernemen en uiteindelijk welke resultaten je zult bereiken. Maar tussen droom en daad staat een mens in de weg en die mens kent praktische bezwaren.

Natuurlijk, iedereen wil gelukkig zijn, rustig, ontspannen en toch succesvol en energiek. Maar als we dat niet bereiken, wijten we dat of aan onszelf, of aan onze omgeving die niet de juiste condities schept om te slagen. In de loop der jaren heb ik vele voornemens op timemanagementgebied horen maken. Voornemens en plannen die vaak tot kleine en soms tot spectaculaire verbeteringen geleid hebben. Want ook al slaag je erin om slechts tien minuten per dag beter te werken of te winnen, dan is dat op een heel werkleven al een gigantisch rendement!

Ik hoor ook veel excuses waarom mensen maar geen plannen maken of achteraf verklaren waarom hun plan niet gewerkt heeft. Het gaat altijd om bepaalde 'gedachten', veronderstellingen die daadwerkelijke actie blokkeren en ervoor zorgen dat er niets verandert. Ik heb de meest voorkomende excuses verzameld en die leg ik nu aan je voor, met natuurlijk een korte toelichting waarom die gedachte je ten onrechte van een succesvolle aanpak weerhoudt. Bepaal voor jezelf welk 'excuus' op jou het sterkst van toepassing kan zijn.

1 IN MIJN FUNCTIE IS ÁLLES ESSENTIEEL, ER VALT NIETS TE KIEZEN!

De tragiek van mensen zonder overzicht: enorm hard werken, vaak matig presterend als het om resultaten gaat en blijvend ontevreden over die ondankbare wereld die niet echt waardeert wat zij allemaal proberen te doen ... De oorzaak is niet willen kiezen of niet kunnen kiezen tussen essentiële en minder essentiële taken uit de functie. Niet willen kiezen komt voort uit de consequentie van het kiezen: als je 'ja' zegt tegen het één, zeg je veelal 'nee' tegen iets anders. Juist het 'nee' zeggen, het loslaten van een bepaald deel van het werk, ervaren deze mensen als moeilijk. Het komt ook voort uit de 'controlerende, beheersende' gedragsstijl: 'Ik moet alles doen én alles zelf doen, want anders gaat het mis.' Niet kunnen kiezen heeft vaak te maken met gebrek aan overzicht en gebrek aan afstemming met anderen over wat echt belangrijk is in de functie. Samen met anderen eens goed naar de functie kijken en een analyse maken van de resultaatgebieden kan goed helpen tegen dit excuus. Ook het onderscheid tussen urgent en essentieel kan hier uitkomst bieden.

2 IN MIJN FUNCTIE HEEFT PLANNEN GEEN ZIN!

In veel functies lijkt dit op het eerste gezicht waar: de functie bestaat uit activiteiten die per moment kunnen ontstaan, bijvoorbeeld telefoontjes van klanten, storingen van machines, vragen of opdrachten van anderen. Allemaal zaken die je niet in een tijdplan kunt 'plannen', maar waarvan je wel weet dát ze zullen komen. Hoe vaker dat voorkomt, hoe meer iemand de neiging zal hebben om dan maar helemaal niets te plannen, en 's ochtends in de 'klaar voor de start'-houding achter het bureau te gaan zitten om de rest van de dag reactief te werken op alles wat binnenkomt. En sommigen vinden dat heerlijk, want dan hoeven ze zelf niet na te denken over prioriteiten en andere lastige zaken die eisen dat ze keuzes maken. Natuurlijk, in zo'n functie heeft plannen van tijd geen zin. Wat wél zin heeft, is plannen wat je die dag af wilt maken, of plannen (zeg maar: je voornemen) wat je op de rustige momenten wilt doen. Van tevoren nadenken maakt je wel doelgerichter, al is het maar vijftien minuten per dag.

3   IEMAND MOET HIER HET WERK TOCH DOEN?

Jazeker, maar het is de vraag of jíj dat altijd moet zijn! We werken allemaal in steeds krapper bezette organisaties, dus iedereen doet al meer dan feitelijk afgesproken is. Maar dat betekent nog niet dat je jezelf maar opoffert en alles probeert te doen, zodat je aan de essentie van je functie steeds minder toekomt. Of erger, uitgeput raakt zonder tevredenheid aan je werk te ontlenen.

Maak eens twee dagen een lijstje van wat je allemaal doet, en neem eens met een bevriende collega of met je baas door wat écht bij je hoort en wat bij anderen. Ga daarna eens de discussie aan of het werk niet iets anders verdeeld kan worden of anders georganiseerd. Bedenk dat zolang je alles accepteert, alles ook bij je terecht zal komen. Voor je het beseft, is dat gewoonte geworden en denkt niemand meer na over al die zaken die als 'vanzelf' bij je terechtkomen. Als je blijft doen wat je altijd gedaan hebt, krijg je wat je altijd gekregen hebt: werk dat niet bij je hoort.

4   ALS IK 'NEE' ZEG, BEN IK NIET COLLEGIAAL/IK KAN OF MAG GEEN 'NEE' ZEGGEN

Een variant op het excuus hierboven. Het wordt ook wel de 'gehoorzaamheidsreflex' genoemd. Kinderen ontwikkelen zo rond hun tweede jaar een periode waarin ze merken dat je ook 'nee' kunt zeggen in dit leven als je bepaalde dingen gewoon niet wilt. Een hele nuttige periode uit het oogpunt van persoonlijke ontwikkeling, want het kind leert dat de eigen wil en de eigen invloed effect hebben. In die periode is 'nee' zeggen heel goed voor de ontwikkeling van het zelfvertrouwen en het aftasten van de eigen invloed. Ouders proberen dat 'nee' zeggen meestal direct te sturen. Zo vroeg ik mijn dochters – ik heb er drie, dus ik mag meepraten – als ze naar bed moesten altijd: 'Wil je op mijn rug of op mijn nek naar boven?' Je moet ze niet vragen óf ze naar boven willen, want dan zeggen ze direct 'nee'. Zo

manipuleren we dat 'nee' zeggen van onze kinderen in de hoop dat het aangepaste, gemakkelijk te hanteren medemensen worden die op alles vrolijk 'ja' zeggen. En als je dat dan geleerd hebt als kind, krijg je op volwassen leeftijd weer het probleem dat er misbruik van je 'ja' gemaakt wordt. Maar 'nee' zeggen heb je dan al afgeleerd, want wie 'nee' zegt, is niet aardig ...

Het enige argument dat je hebt naar anderen, is dat je niet alles kunt doen en dat je 'nee' zegt tegen iets om iets anders wel of beter te kunnen doen. Als je 'ja' zegt tegen iets van een ander, zeg je waarschijnlijk 'nee' tegen iets van jezelf. En als je 'nee' zegt tegen een ander is dat niet tegen de persoon van de ander gericht, maar vóór iets van jezelf.

Wanneer ga je meer voor dingen van jezelf kiezen?

5 MIJN BAAN KAN NIET IN MINDER UREN!

Het mooiste excuus: 'Het ligt niet aan mij maar aan de omstandigheden.' Wat je eigenlijk zegt is: 'Ik wil niet voor mijzelf kiezen, ik kies voor mijn werk.' Die keuze is op zich legitiem en best voorstelbaar, maar dan moet je verder niet zeuren over werkdruk en weinig tijd voor andere zaken. Je kiest er zelf voor! Je zegt feitelijk: 'Mijn werk kan wel anders of in minder tijd, maar ik vind het veel te leuk of veel te spannend, ik wil niet minder werken.' Of is het misschien de angst dat wanneer je niet overal bij betrokken bent, je positie in het nauw dreigt te komen of je status afneemt? Kijk nog eens naar je E3-profiel en laat het vooral eens door een paar mensen uit je directe werkomgeving invullen.

Hoewel het in veel managementfuncties bijna verplicht is om dagelijks aanwezig te zijn, is niemand onmisbaar en zit er natuurlijk altijd 'rek' in die tijd. Ken je ze ook, die mensen die eerst altijd roepen dat ze geen tijd hebben en vervolgens hun tijd verdoen met kletspraat en altijd als laatste een vergadering verlaten? 'Geen tijd' bestaat niet, 'geen prioriteit' bestaat wel. Veel uren werken brengt trouwens een onverwacht gevaar met zich mee. Naast uitputting op lange termijn, speelt op korte termijn het gevaar dat je die langere werktijd minder efficiënt gaat benutten. Wanneer je bijvoorbeeld gewend bent om werk mee naar huis te nemen, heb je overdag sneller de neiging om te denken 'dat doe ik vanavond wel ...' Daarmee zet je minder druk op de dag en op jezelf om op dat moment te beslissen of iets eigenlijk überhaupt wel moet, en of je wel degene bent die het moet doen. Kortom, alle vragen die voor niet-zo-belangrijke en niet-zo-urgente taken gelden, worden opzij geschoven omdat je die uitwijkmogelijkheid van de avond of het weekend hebt. En voor wat dat weekend betreft, daar geldt de wet van de *mythical time*: de tijd die verder weg is, lijkt langer. Die vakantie van drie weken in juli, lijkt in februari behalve ver weg ook erg lang. Tot de dag dat je vertrekt en na een week op vakantie lijken die resterende twee weken al helemaal niets meer. Ook dat weekend lijkt lang en vol mogelijkheden om nog even wat werk te doen. Maar je vergeet, dat je tijdens dat weekend ook andere zaken aan je hoofd hebt. Dat het weekend niet voor niets een moment is om uit te rusten, kortom, dat het weekend een uiterst kortdurende pauze is waarin je eigenlijk helemaal geen zin hebt om te werken. Hoe meer je je aanwent om in het weekend te werken, hoe groter het risico dat je minder efficiënt en effectief wordt gedurende de week zelf.

En voor de échte uren-ridders onder ons: onderzoek toont aan dat je effectiviteit, als je langer werkt dan vijftig uur, met vijftig procent afneemt. Dus als je zegt dat je zeventig uur per week werkt, zijn daar tien uur echt van weggegooid. Die had je beter aan ontspanning, je gezin of partner kunnen besteden.

6 IK WIL WEL, MAAR NIEMAND WERKT MEE

Een kwestie van beïnvloeding. En dat is, zoals we in eerdere hoofdstukken gezien hebben, juist een van de basiselementen van timemanagement! Nu hebben we in het tweede hoofdstuk al wel gezegd, dat bijvoorbeeld 'bazen' lastig te beïnvloeden zijn. Als je baas absoluut niet meewerkt aan je plannen voor verbeterd timemanagement, lijkt het erop dat je maar beter een andere afdeling of andere baan kunt zoeken. Of dat je het maar moet accepteren zoals het is ... Bijna niemand realiseert een verbetering in zijn timemanagement zonder daar anderen in te betrekken. Wanneer je denkt over een verandering in je eigen gedrag, kondig die dan aan en vertel je collega's en baas wat de voordelen voor jezelf zijn én wat de voordelen voor de anderen zijn. Denk altijd in termen van 'wat levert het op voor anderen of de afdeling'. Dat is pure verkooptechniek, maar die heb je nodig als je een voorstel geaccepteerd wilt krijgen.

Overigens horen we van veel cursisten, dat hun voorstellen om in hun eigen timemanagement iets aan te passen bijna zonder uitzondering met welwillende onverschilligheid aangehoord en geaccepteerd worden: 'Lijkt me een goed plan, moet je doen, ik hoop dat het werkt.'
Het wordt lastiger wanneer je ook ander gedrag van je collega's voorstelt. Het werkelijke timemanagementgevecht begint ook niet tijdens een cursus of lezen van dit boek, het begint wanneer je weer terugkomt op je werkplek: 'Wat is er met jou aan de hand, ben je naar een cursus geweest

of zo?' Vergeet niet, dat je een of twee dagen bezig bent geweest om je voorstel te ontwikkelen. Je hebt wellicht wat analyses gemaakt, je hebt tijdbewustzijn ontwikkeld. Je collega's niet. Die hebben twee dagen doorgeploeterd en storende telefoontjes aangenomen die voor jou bedoeld waren! Probeer ze daarom te betrekken in je analyses. Neem ze eerst mee in de ideeën over timemanagement. Benader het probleem vanuit hun standpunt en vergeet niet om de voordelen voor hen te benadrukken. Voordelen die pas werken als ze eerst hun eigen analyse van het tijdprobleem hebben kunnen maken. Betrek je collega's dus ook in de analyse, niet alleen in de oplossingen.

7   IK WIL TE VEEL, ZO BEN IK NOU EENMAAL ...

Aha, je kent jezelf goed en je wilt dat misbruiken om toch maar niet te veranderen! Zelfkennis en zelfacceptatie zijn de eerste, onmisbare stappen op weg naar ontwikkeling. In die zin ben je in het voordeel vergeleken met mensen die nog in de illusie verkeren dat ze gemakkelijk veranderingen aan kunnen brengen in hun eigen gedrag. Maar er zit ook een minder rooskleurig aspect aan deze uitspraak, iets in de trant van: 'Ik heb het opgegeven.'

Juist als je beseft dat je veel wilt en toch geplaagd wordt door de onmogelijkheid om het allemaal op een ontspannen manier voor elkaar te krijgen, wordt het tijd om te 'vertragen'. Vertragen betekent een manier vinden om eens rustig te overdenken en te ervaren wat het nou eigenlijk is wat je precies allemaal wilt. Het zou ook kunnen betekenen dat je een soort van prioriteit aanbrengt in wat je wilt. En voor slimme mensen die het onprettige vermogen hebben om alles wat recht is krom te redeneren en alles wat krom is te ontkennen: maak die prioriteit puur op je gevoel en intuïtie. Ga een rangorde in je prioriteiten niet verdedigen of beargumenteren. Durf bijvoorbeeld wat je echt belangrijk vindt eens op te schrijven op losse papiertjes, voor elke wens een apart papiertje. Hang die op een bord aan de muur en kijk er elke dag eens naar. Breng dan per dag een volgorde aan, net zolang tot je een rangorde gevonden hebt die dwars door alle buien en stemmingen heen overeind blijft. Vraag je tijdens deze exercitie steeds af, of dat wat je wilt van jezelf is of alleen maar een reïncarnatie van wat anderen (ouders, partners, bazen, collega's, klanten) van je willen. Want is té veel willen niet de beste manier om te zorgen dat je niet krijgt wat je echt wilt?

Probeer ook de imaginaire techniek op bladzijde 104. Verbeeld je eens de situatie waarin je een bepaald doel al gerealiseerd hebt om erachter te komen wat dat doel je werkelijk doet.

8 IK HEB VAN ALLES GEPROBEERD, MAAR HET HELPT NIET!

Heb je wel de dingen geprobeerd die bij je stijl van denken en handelen passen? Of probeer je te veel tegelijk? Wie heb je gevraagd om je te helpen bij je acties? In een notendop geven deze drie vragen weer wat grote struikelblokken zijn bij je pogingen iets te verbeteren in je timemanagement.

Zoek een of twee dingen die je wilt proberen en doe dat vervolgens twee of drie weken lang. Spreek dit van tevoren door met iemand die je vertrouwt en die je enthousiast kan maken, iemand die het ook leuk vindt om je te helpen. Maak er een 'spel' van. Definieer de opdracht aan jezelf niet al te streng. 'Wat ik wil proberen ...' is een veel aardiger uitgangspunt dan 'Voortaan moet ik of zal ik ...'. Beloon jezelf voor elke verbetering, hoe klein die ook is. Maak kleine stappen, want zoals ik eerder al schreef: tien minuten per dag is heel veel op een werkleven.

En de belangrijkste suggestie: zoek vooral iets uit wat bij je past! Liever een chaoot die op een vrolijke manier resultaten haalt dan een gefrustreerde chaoot die zichzelf in de weg zit omdat al die gestructureerde methoden maar niet willen lukken.

9 ALS ..., DAN ...

... dit project voorbij is, dan ...

... de kinderen de deur uit zijn, dan ...

... ik er een medewerker bij zou hebben, dan ...

... ik maar eenmaal die positie heb, dan ...

... die baas van me eens onder lijn 3 zou lopen, dan ...

... ik die planningsagenda eenmaal heb, dan ...

... mijn secretariaat eens wat beter zou werken, dan ...
... ik eenmaal dood ben, dan ... houdt het probleem vanzelf op.

Wacht niet op de omstandigheden om een verandering aan te brengen, creëer die omstandigheden! Wachten op 'Als ..., dan ...' is wachten op een mislukking. Begin, doe, beleef en de omstandigheden komen vanzelf als het echt nodig is. De essentie is: kiezen voor wat écht belangrijk voor je is. Want het gaat om de tijd van je leven. NU!

BIJLAGE: PRAKTISCHE TIPS OP ZEVEN GEBIEDEN

Omdat ik denk dat tips niet werken zonder een bezinning op je werksituatie en je werkgedrag, heb ik in dit boek steeds met enige reserve over 'tips' gesproken. Toch blijkt uit reacties van lezers dat er veel behoefte is aan een overzicht van allerlei tips. De tien beste heb ik al uitvoerig beschreven in hoofdstuk 6. In deze bijlage vul ik die aan met een overzicht van de alle tips – ingedeeld in zeven belangrijke categorieën – die ik in de loop der jaren verzameld heb. Ik hoop dat dit een waardevolle aanvulling is op wat je in dit boek al ontdekt en geleerd hebt. Succes met de toepassing!

1 Plannen

We kunnen er niet omheen: veel van je effectiviteit hangt af van de doelen die je stelt en hoe je je werk plant. Hoewel het aantrekkelijk lijkt gewoon je werkdag in te 'duiken' en alles maar op je af te laten komen, blijkt uit verschillende onderzoeken dat mensen die hun dag plannen, beter presteren.

Ook het plannen van je dag is een routine die je je eigen moet maken. En die routine vraagt om een behoorlijke mate van discipline. Routine en discipline zijn misschien niet de meest opwindende zaken, maar effectief timemanagement kan niet zonder die twee. Hieronder vind je de beste tips voor het plannen van je werk en werkdag. Ingewikkeld zijn ze niet en wanneer je ze toepast, zul je merken dat ze werken.

– Plan je werkzaamheden en stel prioriteiten. Categoriseer dezelfde acties en/of taken tegelijkertijd en maak bij de prioritering onderscheid tussen Belangrijk en Urgent. Een andere, veel gebruikte manier van indelen is het ABC-principe: A is belangrijk voor langetermijnsucces, B is urgent maar niet zo belangrijk en C is aardig wanneer je eraan toekomt.

- Maak dagelijks een doe-lijst zodat je geen tijd verspilt met het onthouden wat je die dag allemaal nog moet doen. Streep af wat je gedaan hebt, zo creëer je het gevoel van een perfecte werkdag.
- Noteer je planning. Dit werkt goed om zaken ook daadwerkelijk uit te voeren. Begin niet aan een dag voordat je hem op papier af hebt!
- Zet de belangrijkste zaken bovenaan. Naarmate bezigheden afnemen in prioriteit, zet je ze lager op de lijst.
- Plan tijd in voor storingen. Wees reëel en plan buffertijd in voor spoedklussen en uitloop, je hebt niet alles in de hand.
- Belangrijke klussen die tussendoor komen, plaats je bovenaan je lijst.
- Plan ook routinematige werkzaamheden in, al is het maar voor je eigen overzicht.
- Plan denkwerk in de ochtend en meer routinematig werk na de lunch.
- Handel alles wat onmiddellijk moet gebeuren (urgent én belangrijk) meteen af. Doe het in één keer en doe het in één keer goed.
- Stel belangrijke maar onaangename taken niet uit, dat vermindert je creativiteit en prestaties. Wat je nog moet doen, blijft namelijk door je gedachten spoken en dat kost je meer energie dan je denkt.
- Werk aan één taak tegelijk en zorg voor een overzicht van de andere taken. Maak jezelf niet wijs dat je sneller en effectiever werkt als je meerdere dingen tegelijk doet. Bijna niemand kan dat. Je verspilt nodeloos tijd door te switchen tussen taken en door steeds te moeten kijken waar je gebleven bent.
- Stel 'doe het nu meteen'-routines in.
- Het is lastig bij grote taken of producten voortgang te zien. Hak zo'n taak daarom in kleine stukken. Weet je nog hoe je een olifant opeet? Juist, in kleine hapjes!
- Communiceer je keuzes en deadlines; mensen om je heen zullen je beter begrijpen en je minder storen. Misschien helpen ze je zelfs ...
- Spoor je sociale tijdverspillers op: noteer hoeveel tijd je op een dag kwijt bent aan ontmoetingen bij het koffieapparaat of de kopieerma-

chine. Is het langer dan je dacht of vind je de bestede tijd acceptabel? Wanneer je je meer bewust bent van deze tijdverspillers, kun je beter grenzen stellen.

- Gebruik je hoofd om te denken en niet om te onthouden. Schrijf daarom zaken die je wilt onthouden zo kort mogelijk op. Effectieve mensen hebben vaak een (papieren of digitaal) notitieblokje bij de hand, dat werkt veel beter dan losse blaadjes die je waarschijnlijk weer kwijtraakt en moet opzoeken.
- Visualiseer je langetermijnplaatje van succes en zet het eens op schrift. Denk regelmatig na over je doelen. Ze moeten specifiek, meetbaar en haalbaar zijn en aangepast aan waar je nu staat. Er moet ook een einddatum in staan. Stephen Covey noemt dit: 'Begin with the end in mind.'
- Maak je planning elke dag op hetzelfde tijdstip. Gebruik deze tijd om terug te blikken op je prestaties van vandaag en om te denken aan de dingen die je morgen wilt doen.
- Gebruik een planner om je afspraken te noteren. Het bijhouden van een aparte werk- en persoonlijke agenda zorgt voor verwarring. Wees voorzichtig met 'post-it'-papiertjes, ze gaan gemakkelijk verloren. Benut bijvoorbeeld de synchronisatiemogelijkheid die een programma als Outlook biedt.
- Dingen die je niet graag doet, kun je het beste doen wanneer je in een goed humeur bent. Doe ze niet wanneer je moe bent.
- Plan 'bloktijden' in: tijden waarin je zonder storing aan een belangrijke taak of opdracht werkt. Plan deze bloktijd zoveel mogelijk op hetzelfde tijdstip in de week, zodat je omgeving eraan kan wennen en het voor jezelf een routine wordt.
- Kom op tijd. Het lijkt onschuldig 'een paar minuten' te laat komen, maar in de ochtend gaat er meer tijd verloren dan je denkt. Eenmaal op kantoor worden er nog minuten besteed aan jas ophangen, koffie halen, computer opstarten, et cetera. Vaak gaan er gemiddeld zo'n vijftien tot twintig minuten voorbij, voordat je aan je werkzaamheden kunt beginnen.
- Plan niet alleen je werk, maar ook je vrijetijdsbesteding.

- Houd eens een paar dagen je tijdbesteding bij. Hoewel 'tijdschrijven' voor veel mensen een lastige opgave is, geeft het veel inzicht in waar je je tijd werkelijk aan besteedt. De meeste mensen komen slechts in beperkte mate aan echt belangrijke zaken toe. Inzicht in hoe dat bij jou zit, helpt je je tijdbesteding aan belangrijke zaken te vergroten.

2 Papier

De hoeveelheid papier op ons werk zou – zo werd ons beloofd – met de komst van het computertijdperk drastisch verminderen. Dat is niet gebeurd: de hoeveelheid papier die we gebruiken, is zelfs bijna verdriedubbeld (!). Toch is het belangrijk de papierstroom tegen te houden of te beperken. Het levert niet alleen tijd en winst voor het milieu op, maar ook veel 'ruimte' op je bureau en in je hoofd. En het scheelt ook nog eens veel energie. Om de papierstroom te beperken, heb je de drie basisprincipes van timemanagement nodig: 1) kies wat je wel of niet wilt hebben; 2) organiseer hoe je belangrijke papieren wilt bewaren; 3) beïnvloed je omgeving minder of geen papier rond te sturen.

- De gouden regel is en blijft: handel papier in één keer af.
- Verminder de hoeveelheid papier, maak zelf zo min mogelijk lange nota's.
- Streef ernaar alle notities en memo's in je organisatie niet langer te maken dan één A-viertje.
- Begin notities of rapporten met de conclusies en aanbevelingen. Streef naar samenvattingen van maximaal vijftien regels.
- Vraag medewerkers en collega's om aanbevelingen bij een stuk dat ze schrijven. Niemand zou nog een notitie mogen produceren zonder indicatie van een aanpak, suggestie of conclusie.
- Selecteer je post meteen op het moment dat je die krijgt.
- Wat je niet deze week behandelt, kan meteen weg want 85 procent van je archief bekijk je toch nooit meer. Zoals de Amerikanen het zeggen: *'When in doubt, throw it out!'*
- Neem direct besluiten. Reageer direct of gooi het op de 'later'-stapel.

- Bewaar geen stapels: handel zaken af, leg ze desnoods even apart maar maak zo min mogelijk stapels. Creëer desnoods een special bakje waar je stukken in legt die je nog niet direct durft weg te gooien maar waarvan je vermoedt dat je er waarschijnlijk toch niet aan toe zult komen.
- Koop mappen en tabbladen met een alfabetische indeling of nummering en maak een map voor 'werk in uitvoering'. Maak verder mappen naar behoefte. Op deze manier kun je snel alles terugvinden.
- Maak de inkomende stroom van informatie zo klein mogelijk. Laat je van allerlei onnodige verzendlijsten verwijderen.
- Lees eerst kopjes en inhoudsopgaven voordat je aan een stuk begint.
- Doe een cursus snellezen.
- Voorkom dat je steeds door dezelfde stapel heen moet. Neem een vast moment in de week waarin je eventuele stapels wegwerkt die toch ontstaan zijn.
- Stap af van het idee dat je jezelf beschermt voor je vergeetachtigheid door alles maar op papier te zetten.
- Beantwoord memo's direct op het oorspronkelijke memo.
- Telefoneer of mail liever dan een memo te schrijven.
- Een document dat vandaag nutteloos is, zal dat morgen waarschijnlijk ook nog zijn. Durf dingen weg te gooien in plaats van ze onnodig te bewaren.
- Maak samenvattingen van dikkere notities of artikelen. Op het moment dat je klaar bent met lezen, weet je de hoofdlijnen en de details nog precies. Maar niet alle details zijn belangrijk en je kennis van de inhoud vervaagt na verloop van tijd. Je kunt zelfs de hoofdlijnen vergeten. Als je geen samenvattingen maakt, ben je veroordeeld tot herlezen.
- Verwerk visitekaartjes meteen in een digitale adreslijst en gooi de kaartjes zelf weg.
- Gooi het vorige nummer van een tijdschrift weg wanneer je de nieuwste uitgave krijgt. Denk na over alle literatuur en lectuur die je krijgt en maak een keuze: wat wil je wel of niet bewaren? Wat ga je wel of niet lezen? Zeg abonnementen op van tijdschriften die je niet of nauwelijks leest. Dat scheelt papier, tijd, geld en schuldgevoelens.

- Stop met het lezen van de krant en vervang dit door het lezen van artikelen die een langer tijdperspectief hebben. Wanneer je ooit de stapel kranten hebt doorgenomen die op je wachtte na een vakantie, weet je het: veel nieuws is in feite onbelangrijk en je mist veel minder dan je denkt wanneer je niet dagelijks de krant leest. Die tijd kun je beter besteden aan het lezen van een boek of een goed artikel.
- Extra opbergruimte heeft één ijzersterke eigenschap: het komt altijd vanzelf vol. Beperk daarom de hoeveelheid opbergruimte. Dat helpt je om minder belangrijke zaken direct weg te gooien.
- Beperk het aantal creditcards dat je gebruikt. Dat scheelt veel administratie en post.
- Zorg dat je alle terugkerende rekeningen zoveel mogelijk automatisch betaalt. Laat je bankafschriften niet meer op papier binnenkomen, dat scheelt weer opbergen. Je kunt je betalingen ook digitaal checken en steeds meer banken bieden de service dat je je afschriften nog jarenlang digitaal kunt opzoeken.

3 Telefoon en e-mail

De kracht van e-mail is dat je je bericht met één druk op de knop naar talloze mensen kunt versturen. En de kracht is dat je een mail direct kunt beantwoorden zonder tijd te verspillen aan de inleidende zinnen die bij een telefoongesprek vaak voorkomen. Het is een ongelooflijk efficiënt communicatiemiddel, maar de uitdaging is om het ook effectief te gebruiken. Mensen bestoken met e-mails bijvoorbeeld, veroorzaakt weer inefficiëntie en tijdverspilling bij anderen. Efficiënt mailen heeft veel gemeen met efficiënt telefoneren. Vandaar dat we de tips samengevoegd hebben.

- Beperk je ad hoc-telefoontjes en mailberichten zoveel mogelijk.
- Plan vaste telefoontijden. Stel vaste telefoontijden in met belangrijke mensen om je heen.
- Zet je mobiele en vaste telefoon tijdens grote klussen en vergaderingen uit. Waar staat geschreven dat je op elk moment en overal gestoord mag worden?

- Houd telefoongesprekken kort, begin direct met het doel van je telefoontje.
- De telefoon is niet dringend en ook op iedere nieuwe mail hoef je niet onmiddellijk te reageren. Handel telefoontjes en e-mails achter elkaar af op een moment dat het je schikt.
- Stuur zo min mogelijk cc's of bcc's.
- Door het gebruik van de bcc-optie kunnen ontvangers de namen en adressen van de mensen aan wie je je bericht hebt gestuurd niet kopiëren. Bij de cc-optie kan dat wel. Meer gebruik van de bcc-optie voorkomt dat anderen je mailinglist domweg kopiëren en zo de hoeveelheid mensen aan wie mail gestuurd wordt vergroot.
- Stel vaste momenten in voor het checken van je mailberichten. Twee tot driemaal per dag zou voor de meesten van ons genoeg moeten zijn.
- Schrijf je mailtjes niet in hoofdletters, dit komt storend en schreeuwerig over.
- Wees ook zuinig met het gebruik van vraag- en uitroeptekens, ze maken een bericht voor de ontvanger erg onrustig.
- Maak duidelijk dat je bepaalde berichten niet meer wilt ontvangen. Verzoek de afzender vriendelijk je van zijn mailinglist af te halen.
- Plaats berichten die je wilt bewaren in een aparte folder. Gebruik je inbox niet als opslagplaats. Het maakt zoeken tijdrovender .
- Mailprogramma's maken het je gemakkelijk berichten te sorteren op afzender, thema, et cetera. Benut deze optie wanneer je e-mailberichten opslaat.
- Denk na of je een antwoord op een bericht terugstuurt met of zonder het originele bericht. Haal bij het beantwoorden het originele bericht liever weg, dat houdt je mail beknopter en duidelijker.
- Denk goed na over het 'subject' of onderwerp van je bericht. Mensen die het druk hebben, openen alleen berichten waarvan ze kunnen zien wat het is.
- Met één druk op de knop voeg je het adres van een afzender toe aan je adressenbestand. Er is ook een optie waarmee adressen automatisch aangevuld worden, zodat je niet alles in hoeft te tikken. Dit scheelt tijd en het voorkomt tikfouten.

- Verwijder e-mailberichten met bijlagen nadat je de bijlagen (desgewenst) hebt gekopieerd naar je harde schijf. Bijlagen nemen veel ruimte in beslag en kunnen je mailprogramma trager maken.
- Bijlagen van een mail kunt je met één druk op de knop opslaan op je harde schijf. Dat voorkomt dat je door je e-mailberichten moet zoeken wanneer je die bijlage weer nodig hebt.

4 Storingen

Veel van onze werkzaamheden zouden we snel en goed kunnen afhandelen, mits we er geconcentreerd aan kunnen werken. We willen daarom zo min mogelijk gestoord worden. Ook hier gaat het om je keuze (wil ik wel of niet ongestoord werken) en vooral om het beïnvloeden van anderen. Dit onderdeel kunnen we ook wel het 'opvoeden van anderen' noemen. En net als bij kinderen gaat opvoeden beter wanneer je zelf het goede voorbeeld geeft.

- Zeg niet meteen 'ja' als iemand je hulp vraagt. Een vuistregel hiervoor luidt: stel een vraag voordat je 'ja' zegt.
- Sluit bij een belangrijke klus de deur van je kamer. Hang een bord 'niet storen' op en geef aan wanneer je wel weer te spreken bent.
- Voel je niet verplicht een opendeurpolitiek te voeren. Een 'open deur' betekent dat je gemakkelijk benaderbaar bent voor iedereen die een serieuze vraag heeft. Het betekent niet dat er je bent om door iedereen op ieder willekeurig moment gestoord te worden.
- Ga even door met werken als iemand je stoort, leg niet meteen je werk neer. Zo maak je de ander duidelijk dat je niet zit te wachten op zijn storing.
- Een alternatief voor bovenstaande tip: wanneer iemand je kamer binnenstapt, sta dan op. Daarmee maak je gesprekken korter en het geeft je 'bezoeker' niet de indruk dat hij rustig in een stoel kan gaan zitten en je van je werk houden.
- Durf 'nee' te zeggen als het je niet uitkomt. 'Nu even niet' is een vriendelijke vorm van 'nee' die vrijwel altijd geaccepteerd wordt. Zeker als je aangeeft wanneer 'wel'.

- Plan per dag een uur in waarin men je wel mag storen. Communiceer dit ook duidelijk (en vriendelijk) naar je omgeving.
- Wanneer je geconcentreerd moet werken en iets echt af moet hebben, ga dan apart zitten en vraag een collega (of de telefoniste) een uur de telefoon voor je waar te nemen.
- Zorg ervoor dat je invloed hebt op onderbrekingen. Bijvoorbeeld door je voicemail in te schakelen en terug te bellen op een tijd die beter uitkomt (of te vermelden op welk tijdstip je wel bereikbaar bent). Of door met je rug naar de deur te gaan zitten als teken van 'ik ben nu bezig, even niet storen'.
- Hoe goed je ook kunt opschieten met je collega's, soms wil je echt niet gestoord worden. Een gesloten deur doet dan wonderen. Zit je in een open werkruimte, dan kun je non-verbaal laten merken dat je bezig bent door je bijvoorbeeld niet naar je collega te richten of door oogcontact te vermijden. Lukt ook dat niet, dan kun je het ook gewoon zeggen.
- Verkort onderbrekingen. Vraag aan de bezoeker/beller: 'Moet het nu?' of: 'Is het dringend?' Geef aan dat je weinig tijd hebt en noem de reden waarom je weinig tijd hebt. Dit stimuleert de bezoeker/beller het kort te houden. Bied een alternatieve tijd aan ('Zal ik je om vijf uur bellen?') en kom dat alternatief na. Voer het gesprek to-the-point en kap zo nodig monologen en/of het gesprek af.
- Ga zo zitten in je kamer dat je gezicht van de deur afgewend is. Op deze wijze kijk je passanten niet direct aan en nodig je ze niet uit even binnen te stappen. Mensen die over hun werk gebogen zitten en geen oogcontact maken, worden veel minder gestoord dan mensen die achterover gaan leunen en 'hallo' zeggen tegen een passant.
- Wanneer iemand je vraagt of je een paar minuten tijd hebt, vraag dan hoeveel precies. Denk even na voordat je 'ja' zegt, kan het niet op een voor jou geschikter tijdstip?
- Stop mensen wanneer ze lange verhalen met veel details vertellen. Vraag: 'Kun je mij in één zin zeggen waarmee ik je kan helpen?'
- Als iemand je een vraag voorlegt, vraag dan eerst aan welke oplossing hij zelf denkt.

- Zorg voor weinig (extra) stoelen in je kamer.
- Stel voor dat je bij de ander langskomt om iets te bespreken. Dan kun je zelf bepalen wanneer je weer weg gaat.
- Spreek eerst een tijdlimiet af, voordat je een gesprek begint.
- Vraag anderen al hun vraagstukken in één keer met je door te nemen en je niet voor elke vraag apart te storen.

5 'Nee' zeggen

We willen graag goed werk leveren en aardig zijn tegen onze collega's en klanten. Daar is op zich niks mis mee. Totdat het ten koste gaat van onze concentratie, planning en tijd. 'Nee' zeggen lijkt onaardig, maar hoeft het helemaal niet te zijn. Integendeel, mensen die duidelijk en vriendelijk 'nee' zeggen, krijgen meer respect en waardering dan mensen die op alles 'ja' zeggen en door hun drukte niet aan het leveren van de gevraagde zaken toekomen. Hard werken en druk zijn, is geen verdienste. Goed werken en op tijd leveren wat je toezegt, is een verdienste.

- We zeggen vaak 'ja' om een ander een plezier te doen. Maar wanneer je dat te vaak doet, kun je je toezeggingen niet meer waarmaken. Je zit dan met een schuldgevoel en de ander is ontevreden.
- Verwijs naar je planning (die je op schrift hebt staan). Dat helpt enorm om de ander ervan te overtuigen dat je werkelijk een planning hebt en niet zo maar 'nee' zegt.
- Stel een vraag voordat je 'ja' zegt. 'Ja' zeggen tegen een ander betekent meestal dat je 'nee' zegt tegen iets van jezelf!
- Wees goed of excellent in een paar dingen in plaats van alles half of oppervlakkig te doen.
- 'Nee' zeggen is geen belediging maar een recht. Waar staat geschreven dat je aangenomen bent om op alles 'ja' te zeggen? Wanneer je vaker 'nee' zegt, creëer je ook meer respect bij anderen voor je tijd. Het klinkt misschien vreemd, maar mensen die op alle vragen en klussen 'ja' zeggen, worden minder serieus genomen dan mensen die kritisch zijn op wat ze aannemen.

- Leer jezelf 'nee' te zeggen in plaats van vage, ontwijkende antwoorden te geven. Het irriteert en het kost meer tijd en energie dan direct 'nee' zeggen. Een duidelijk 'nee' is voor de ander bovendien efficiënter. Hij kan dan beslissen het zelf te doen of iemand anders lastig te gaan vallen met zijn vraag. Als 'nee' zeggen nu onmogelijk is, vraag dan aan de ander hoe je de taak een volgende keer anders opgedragen kunt krijgen zodat je je tijd beter kunt plannen.
- Als je 'ja' zegt, beschouw je 'ja' dan als een concessie en vraag er iets voor terug. Daarmee voorkom je dat de ander denkt dat hij je altijd van alles kan vragen en altijd geholpen wordt. Maak de ander duidelijk dat het je iets kost om te helpen, bijvoorbeeld de tijd die je aan andere zaken had willen besteden.
- Stel een limiet aan de tijd die je aan het verzoek van een ander wilt besteden. Dit maakt duidelijk dat je niet onbeperkt de tijd hebt voor elke vraag die langskomt.

6 Vergaderen

Laten we vergaderen eens vergelijken met oorlog voeren. In het normale leven en in tijden van vrede mag je een ander – ook al is het je vijand – niet doodschieten. Als het oorlog is, mogen we dat – op commando – wel. Dat mag dan omdat we het als 'systeem' nodig vinden. Op je werk wordt er vreemd gekeken wanneer je een of twee uur met je benen op je bureau gaat zitten, uit het raam staart, gaapt, wat in je agenda bladert, of poppetjes tekent ... Maar wanneer het systeem van je organisatie zegt dat het tijd is om te vergaderen, mag dit allemaal wel. Sterker nog: iedereen mag het en doet het! Voor veel mensen is vergaderen de grootste vijand van timemanagement. Ook hier is de beste tip: doe er niet aan mee. Als dat niet kan, weet dan dat je nooit de enige bent die last heeft van de gekte die we vergaderen noemen. Stel verkeerde vergadergewoonten en tijdverspilling aan de orde. Je zult verbaasd zijn hoeveel collega's je mening zullen delen. En zoals je een oorlog niet in je eentje kunt winnen, slecht vergadergedrag kun je alleen maar gezamenlijk veranderen.

- Beperk het aantal vergaderingen. De vergadering die niet doorgaat, is de meest efficiënte die er bestaat!
- Vergader alleen als het werkelijk nodig is. Veel vergaderingen hebben een ritueel karakter, zeker wanneer ze op vaste tijdstippen gepland staan.
- Zet je mobiele telefoon tijdens vergaderingen uit.
- Plan vergaderingen aan het eind van de dag of voor de lunch.
- Stel een eindtijd vast, voor de gehele vergadering en het liefst per agendapunt.
- Maak vooraf agendapunten en geef deze een bepaalde karakteristiek, bijvoorbeeld 'discussiepunt', 'informatiepunt' of 'beslispunt'. Door de punten vooraf in te delen en de bedoeling per punt (kort) te vermelden, weten de deelnemers beter wat de bedoeling is en werkt iedereen ook sneller naar het doel toe.
- Vergeet de rondvraag, die had bij de agendapunten moeten staan! Een rondvraag is een teken van een slecht voorbereide vergadering. Als iemand echt iets wil weten, kan dat vaak ook direct aan een collega gevraagd worden. Daar hoeft niet iedereen in de vergadering mee lastig gevallen te worden.
- Beperk de vergadertijd. Mensen benutten de tijd die gepland staat. Wanneer je per vergadering een kwartier minder tijd inruimt, scheelt dat per week al gauw een paar uur!
- Informeer of je aanwezigheid noodzakelijk is. Sta ook toe en spreek af dat niet iedereen bij alle punten van een vergadering aanwezig hoeft te zijn.
- Besluitenlijsten bevatten vaak al voldoende informatie, een uitgebreid verslag van een vergadering is vaak overbodig.
- Gebruik e-mail, telefoon en andere manieren om informatie uit te wisselen. Strenger gezegd: eigenlijk zou alle informatie vooraf uitgedeeld moeten zijn en een vergadering vooral voor discussie en besluitvorming moeten dienen. En dan nog het liefst met zo min mogelijk discussie!
- Te lang vergaderen is nergens goed voor. Na 75 minuten verdwijnt de concentratie van alle deelnemers als sneeuw voor de zon. Zit je toch

vast in een marathonmeeting, zorg er dan voor dat er voldoende pauzes ingelast worden.

- Begin op tijd, ook wanneer nog niet iedereen aanwezig is. Zo beloon je de mensen die wel op tijd komen.
- Houd het aantal deelnemers aan de vergadering beperkt. Hoe meer volk, hoe meer visies. Bovendien zullen mensen die niet echt nodig zijn alleen maar hun tijd verspillen. Dat geldt ook voor jezelf: als je niet echt nodig bent, blijf dan liever weg. Vraag desnoods achteraf om een verslag.
- Maak er een gewoonte van aan het eind van de vergadering het besprokene kort samen te vatten en een actieplan vast te stellen. Zo weet iedereen bij het weggaan wie met wat bezig is. Geef alle deelnemers een kopie mee van de actielijst. Een verslag van de vergadering kan – als dat nog nodig is – na afloop worden nagestuurd.
- Vermijd dat mensen elkaar gaan herhalen. Stel bij voorkeur altijd iemand aan om de vergadering in goede banen te leiden. Wees zelf kort, bondig en to-the-point.
- Voorkom dat vergaderen een sleur wordt. Nodig bijvoorbeeld van tijd tot tijd een gastspreker uit. Of rouleer het voorzitterschap. Voorkom dat mensen steeds dezelfde plaats aan tafel innemen.
- Begin met het belangrijkste agendapunt. Zorg verder voor een 'thematische' indeling van de vergadering, gegroepeerd rondom verschillende agendapunten.
- Een goede, effectieve vergadering kent een atmosfeer waarin samen naar oplossingen wordt gezocht. Dit kan worden bevorderd door negatieve kritiek te beperken en constructieve aanvullingen en opmerkingen te stimuleren. Dat kan bijvoorbeeld door in te grijpen als deelnemers elkaar vliegen afvangen en brainstormen aan te moedigen.
- Geef, wanneer je een vergadering zelf voorzit, je eigen visie het laatst.
- Schrijf mee op een bord of flip-over tijdens de vergadering. Wanneer je punten – zoals de agenda – voor iedereen zichtbaar in de ruimte plaatst, maak je iedereen ook meer verantwoordelijk voor de agenda en de tijdbesteding.

- Vervang 'Ja maar ...' door 'Ja en ...' Een Engelstalige regel luidt: *You break it, you take it.* Wie een punt of onderwerp van een ander bekritiseert, krijgt dit punt mee met de opdracht er een voorstel voor de volgende vergadering voor te maken. Kritiek levert dan huiswerk op en dat zet veel mensen er toe aan om zuinig met kritiek te zijn. Dat scheelt veel tijd!
- Breng het vergadercircuit van je organisatie eens in kaart en licht het door. Laat zien hoeveel het vergaderen kost per afdeling, laag en team. Je zult schrikken!
- Inventariseer de bestaande vergaderproblemen en neem ze serieus. Wanneer je last hebt van bepaalde kenmerken van een vergadering, heeft bijna iedere deelnemer daar last van. Bespreekbaar maken van die punten kan iedereen ertoe aanzetten de vergadering anders – en beter – te organiseren.
- Stel algemene spelregels voor het vergaderen op en verspreid die via posters, agenda's, e-mail of kaartjes. Sommige bedrijven vermelden vergadertips en spelregels op de achterkant van het papier waarop de agenda en uitnodiging staan. Op deze wijze wordt iedere deelnemer er steeds weer mee geconfronteerd en heeft iedereen tijdens de vergadering de tips en spelregels altijd bij de hand.
- Bespreek ideeën of problemen in kleine groepen. Laat iedereen zijn ideeën bijvoorbeeld eerst met een buurvrouw of buurman bespreken voordat je plenair gaat overleggen. Op deze wijze raakt iedereen betrokken zonder dat je iedereen aan het woord hoeft te laten.
- In vergaderingen hebben mensen vaak de neiging met elkaar te spreken in de vorm van een discussie of debat. Discussiëren is een riskante onderneming. In het gunstigste geval mondt de strijd uit in een nieuw idee of voorstel, waarin voor- en tegenstanders elkaar vinden. Een methode die vaak sneller tot resultaten leidt dan discussiëren, is brainstormen. Bij brainstormen gelden de volgende regels: hoe meer ideeën, hoe beter en: elk idee is toegestaan; verbied kritiek, beoordeling of discussie.
- Een beproefde methode van brainstormen is de volgende:
  - Formuleer het probleem in termen van: op hoeveel manieren kunnen wij ...?

- Maak een lijst van de meest voor de hand liggende oplossingen en sluit deze uit.
- Laat iedereen in stilte zoveel mogelijk ideeën opschrijven (vijf minuten).
- Laat de deelnemers hun ideeën uitwisselen in kleine groepen.
- Inventariseer de ideeën plenair.
- Rangschik de ideeën naar thema's of invalshoeken.
- Selecteer enkele ideeën als mogelijke oplossing of als start van een nieuwe brainstorm.

- Veel vergaderingen zijn vooral informatief van aard, zoals werkoverleg of teamoverleg. Moeten er zware besluiten worden genomen, dan is het niet handig dat in een 'verzamelvergadering' te doen. Beleg dan liever een aparte vergadering met één onderwerp. Dan kunnen deelnemers zich volledig concentreren op dat ene agendapunt.
- Vermijd (of verbied!) discussie naar aanleiding van het verslag. Je bespaart een heleboel tijd als je traditionele agendapunten afschaft. Zo wordt er 'naar aanleiding van het verslag' heel wat afgepraat. Als je niet oppast, doe je de vergadering van de vorige keer nog eens dunnetjes over. Als mensen nog iets willen bespreken naar aanleiding van het verslag, moeten ze dat vooraf als een normaal agendapunt opgeven. Je zult zien dat veel mensen er dan van afzien omdat het meestal niet zo belangrijk is.
- WVTTK is voor amateurs. Als je het nog nooit op een agenda zag staan, weet je ook niet wat met deze afkorting bedoeld wordt: Wat Verder Ter Tafel Komt. Dit agendapunt is een vrijbrief om allerhande (meestal huishoudelijke) zaken in de groep te gooien. Bij de voetbalclub in de kantine is dat best gezellig, maar in een professionele organisatie kan het écht niet.

7 Delegeren

Iets helemaal niet doen, staat nummer één op onze lijst van effectieve timemanagementtips. Op de tweede plaats komt: een ander iets laten doen. We noemen dat delegeren en daarvoor moet je zaken overlaten en loslaten. Vertrouwen hebben in de capaciteiten van de ander speelt daarbij een grote rol.

Delegeren is een krachtig middel om je eigen agenda leger te maken en je medewerkers meer tevreden, omdat ze voor vol worden aangezien en hun kwaliteiten kunnen bewijzen. Toch horen we om ons heen allerlei excuses om niet te delegeren. Excuses die vaak ongegrond zijn. Check eens welke van de onderstaande uitvluchten op jou van toepassing zijn. Welke hoor je jezelf zeggen wanneer je ze leest?

- Ik doe het zelf beter.
- Ik weet niet of ik hem dit wel kan toevertrouwen.
- Hij is niet bevoegd dit te doen.
- Hij wil er geen taken of verantwoordelijkheden bij hebben.
- Ik heb eigenlijk geen tijd om het aan hem uit te leggen.
- Er is niemand anders die het kan doen.
- Hij heeft het al zo druk ...
- Ik vind het eigenlijk heel leuk om dit zelf te doen.
- Mijn leidinggevende heeft ook liever dat ik dit zelf doe.
- De vorige keer deed hij dit niet echt goed. Ik wil dat risico niet nog een keer lopen.

– Ga ervan uit dat de meeste medewerkers graag nieuwe dingen willen leren. Wat jij een vervelende klus vindt, kan voor de ander een nieuwe uitdaging zijn.
– Er zijn altijd meer mensen die je willen helpen dan je beseft. Zeker wanneer je het vriendelijk vraagt.
– Delegeer vooral je routineklussen.
– Delegeer vooral die dingen waar je toch al niet zo goed in bent.
– Kijk systematisch naar wat je delegeert en wat je zou kunnen delegeren. Dat voorkomt dat je er steeds 'on the spot' aan moet denken en het zorgt ervoor dat je planmatig delegeert. Dit maakt het ook gemakkelijker degene aan wie je delegeert erbij te betrekken.
– Maak het verwachte resultaat duidelijk. Vertel niet in detail de te volgen werkwijze.

- Zorg dat doelen, tijden en kwaliteitseisen duidelijk zijn. De rest kan de ander meestal zelf wel verzinnen.
- Vraag degene aan wie je delegeert op vaste tijden kort te rapporteren. Dat voorkomt dat je er steeds aan moet blijven denken.
- De vraag 'Hoe gaat het?' is vaak erg stimulerend voor degene die de taak uitvoert. Veel meer hoef je er vaak niet aan te doen.
- Geef mensen aan wie je delegeert zoveel mogelijk beslissingsruimte. Dat maakt de taak interessanter en het voorkomt dat ze je steeds lastigvallen om knopen door te hakken.
- Vraag na je korte instructie of overdracht wat de ander nog nodig heeft om de taak uit te voeren.
- Wat voor leidinggeven in het algemeen geldt, geldt zeker ook voor het delegeren: *Praise in public, criticize in private!* Complimenten mag je best geven waar anderen bij zijn, kritiek uit je alleen onder vier ogen.

157

LITERATUUR

Covey, Stephen R., *De zeven eigenschappen van effectief leiderschap*, Contact, Amsterdam, 2002.

Griessman, B. Eugene, *Time Tactics of Very Successful People*, McGraw-Hill, 1994.

Gleeson, Kerry, *Het persoonlijk efficiency programma: met minder moeite meer doen*, Het Spectrum, Utrecht, 2002.

Horney, Karen, *Onze innerlijke conflicten*, Bijleveld, Utrecht, 1999.

Houston, B. Kent and C.R. Snyder, *Type A Behaviour Pattern, Research, Theory and Intervention*, John Wiley & Sons, New York, 1988.

Hunt, Diana en Pam Hait, *Het tao van de tijd*, Bigot & Van Rossum, Baarn, 1990.

IJzermans, Theo en Coen Dirkx, *Beren op de weg, spinsels in je hoofd*, Thema, Zaltbommel, 1994.

Koolhaas, M.J., K. Sijtsma en R. Witjas, 'Tijdperspectieven in timemanagementtrainingen', in: *Gedrag en organisatie*, 5e jaargang, nr. 2.

McGee-Cooper, Ann, *Timemanagement for Unmanageable People*, Bantam Books, New York, 1994.

Oncken, William, *Managing Management Time*, Prentice Hall, London, 1984.

Reddin, W.J., *Managerseffectiviteit,* Samsom, Alphen aan de Rijn, 1986.

Schlenger, Sunny, and Roberta Roesch, *How to be Organized in Spite of Yourself: Time and Space Management that Works with Your Personal Style,* New American library, New York, 1989.

Servan-Schreiber, Jean-Louis, *The Art of Time,* Bloomsbury Publishing Ltd, London, 1988.

DE TIJD VAN JE LEVEN

Online cursus Timemanagement

Leer met deze online cursus slimmer plannen en efficiënter werken.

- *Leer slimmer plannen en efficiënter werken*
- *Ga meer ontspannen met de klok om*
- *Praktijkgericht*

Heb je het gevoel altijd te weinig tijd te hebben? Dan kan de cursus timemanagement helpen. In deze online cursus leer je niet alleen slimmer plannen en efficiënter werken, maar neem je ook je houding ten aanzien van de tijd onder de loep. Wat in jou maakt dat de tijd een probleem is?

In 16 praktische, korte online lessen krijg je de tools en inzichten aangereikt om op een intelligentere en meer ontspannen manier met de klok om te gaan. Je kunt de cursus in acht weken afronden, maar je kunt er ook langer over doen. Net wat jou uitkomt.

In de cursus verwijzen we regelmatig naar het boek **'De tijd van je leven'** van Ron Witjas dat bij deze cursus hoort. Je moet er hoofdstukken uit lezen of soms een opdracht in maken. Maar veruit het grootste gedeelte van de cursus doe je online.

Prijs: 89 euro, inclusief bijbehorend boek en btw.
(prijswijzigingen voorbehouden)

Meer info of bestellen: www.thema.nl

RON WITJAS & ADRIAAN DE VOOGD

GEEN TIJD?

Tips
en tools voor
timemanagement

THEMA.

Geen Tijd? (waaier)

Druk, druk, druk.
Vrijwel iedereen kent het
fenomeen: te veel te doen en
te weinig tijd.
Wat doe je daaraan? In ieder
geval geen vuistdikke boeken
lezen over timemanagement!

In deze praktische waaier staan op 25 fullcolorkaarten de
belangrijkste en effectiefste tips beschreven.
Overzichtelijk opgedeeld in acht aandachtsgebieden.
Op de achterzijde worden in heldere bewoordingen de
basics van timemanagement uit de doeken gedaan.
Met *Geen tijd?* in de hand worden haalbare doelen en
heldere prioriteiten weer realistisch. De vele tips bieden
overzicht, controle en rust.

Pagina's: 25
ISBN: 978 90 5871 7986
Auteurs: Ron Witjas en Adriaan de Voogd

Meer info of bestellen: www.thema.nl

IN DE JUISTE VERSNELLING

EEN DOE-BOEK VOOR MEER ENERGIE EN MINDER STRESS

- *Een boek waarmee je zelf actief aan de slag kunt*
- *Met 30 tips om in de juiste versnelling te leven*
- *En een test waarmee je je eigen energiebalans kunt onderzoeken*

We zorgen vaak slecht voor ons eigen fysieke, emotionele en mentale welzijn. We negeren signalen die erop wijzen dat het mis dreigt te gaan. We werken bijvoorbeeld te lang door in de hoogste versnelling of kroppen gevoelens van irritatie op. Gevolg: we raken vermoeid, overspannen of zelfs burn-out.

In de juiste versnelling nodigt je uit je ontkenning van stresssignalen op te geven. Je herkent de factoren die bij jou stress (kunnen) veroorzaken en leert bewust om te gaan met je energie, zodat je meer invloed kunt uitoefenen op de stress die je ervaart. De vragen en oefeningen bieden je de mogelijkheid om de nieuwe inzichten direct toe te passen. In deze veeleisende maatschappij blijft het voor iedereen een uitdaging om steeds nieuwe manieren te vinden om ongezonde stress te hanteren en tijdig terug te schakelen naar de juiste versnelling!

Pagina's: 156
ISBN: 978 90 5871 4169
Auteur: Judith Knijn

Meer info of bestellen: www.thema.nl